W0345112

Tout pour plaire…
et toujours célibataire

Sophie Cadalen
et Sophie Guillou

Tout pour plaire… et toujours célibataire

Rencontrer l'amour

Albin Michel

Ouvrage publié sous la direction
de Bernadette Costa-Prades

© Éditions Albin Michel, 2009

Introduction

Le cœur qui s'affole, le corps qui se trouble, l'esprit qui vagabonde entre ivresse et inquiétude... La rencontre amoureuse, mieux que toute autre expérience humaine sans doute, nous amène à nous découvrir vivants. Pleinement vivants. Elle éblouit nos jours et illumine nos nuits, elle ouvre, généreuse, une fenêtre sur des horizons insoupçonnés et donne souvent des ailes à nos projets. Dès lors, quoi de plus naturel que de chercher l'homme ou la femme qui saura nous entraîner dans un tourbillon aussi séduisant ?

Le problème, c'est que cette aventure-là ne se vit pas sur commande et se refuse parfois avec constance alors qu'on rêverait de céder à ses assauts. Malgré les sites de rencontres, malgré les clubs de vacances « spécial célibataires », malgré aussi une prétendue liberté de mœurs censée mettre à notre portée tous les possibles, la quête s'apparente parfois à un chemin difficile, parsemé d'embûches et de déceptions.

Pour peu que cette quête se prolonge, notre vie amoureuse nous apparaît comme un échec, douloureux et énigmatique : comment expliquer la succession de rendez-vous manqués, l'entêtante solitude, les erreurs sans cesse recommencées ? Où se cache le grain de sable qui enraye la machine ? Est-ce ma faute à moi ? Celle de mes parents ? Celle des femmes en général, qui seraient devenues trop exigeantes ? Celle des hommes, qui ne sauraient plus où ils en sont ? Celle d'une époque trop consumériste, trop libre, trop individualiste, trop amorale ? Pour échapper au désarroi, on aimerait dénicher ce secret qui pourrait nous faire connaître enfin ce qui se dérobe si obstinément.

La tentation est grande alors de s'armer de recettes, de modèles, de méthodes infaillibles pour parvenir à capturer cet amour fuyant au fond de ses filets. Rien de plus rassurant que des « il faut » et des « c'est comme ça que ça marche ». Rien de plus inopérant aussi. Car l'amour ne se nourrit ni de savoirs, ni de compétences, ni même d'une quelconque expérience. Il est ce qui surgit malgré nous, d'un ailleurs obscur et mystérieux qui nous échappe. Fruit de l'inconscient, il vient souvent nous cueillir là où on ne l'attend pas. On croyait n'être séduit que par les brunes et on se découvre aimanté par une blondeur évanescente. On s'était promis de ne jamais poser ses regards sur un collègue de travail, mais on se sent irrésistiblement attirée par son voisin de bureau. On s'agace de repenser avec plaisir à cette rencontre avec un golden boy en costume-cravate alors qu'on croyait n'être sensible qu'aux hommes un peu bohèmes. On se désole d'entamer une idylle au plus mauvais moment, quand on vient de décrocher le job de notre vie qui nous laisse si peu de temps de libre... Bref, d'une façon ou d'une autre, la vie vient nous rappeler malicieusement que cette affaire-là échappe à toute maîtrise.

Trouver l'amour implique donc non de se barder de certitudes, mais au contraire de consentir à se laisser surprendre. Cela paraît simple ? C'est bien là au contraire que réside toute la difficulté. Une vraie rencontre s'avère toujours inconfortable. L'amour n'a rien du sirop lénifiant et inoffensif que nous vendent les marchands de la Saint-Valentin. L'amour dérange. L'amour bouleverse. Certes, on le réclame à cor et à cri, on le rêve, on l'espère avec une très grande sincérité. Mais surgit-il dans notre vie qu'on s'en trouve aussitôt déstabilisé, contraint d'abandonner des habitudes et un équilibre de vie qu'on avait patiemment mis en place à la faveur de la solitude. Contraint aussi de renoncer à un idéal pour basculer dans la réalité, avec sa part d'aléas et de risques, avec ses possibles désillusions. Pas si facile à mettre en œuvre ! Plutôt que de risquer un tel chambardement, il arrive qu'on élève des barrières inconscientes pour se protéger de la tourmente. Et on passe alors sans s'en apercevoir à côté de cet amour qu'on appelait de ses vœux.

Comment faire tomber ces barrières qui nous entravent ? Avant tout en essayant de mettre en doute les vérités établies, les idées reçues, les lieux communs dont nous sommes pétris. Car tout ce que l'on croit savoir sur soi, sur l'autre, sur l'amour et sur le couple nous enferme dans des rôles déjà écrits où l'imprévu n'a aucune place. Ensuite en identifiant quels sont les freins qui nous interdisent de rencontrer l'amour et en comprenant ce que ces barrières défendent avec autant de vigueur. Pour accepter que l'amour nous surprenne, il faut renoncer à quelque chose de soi. Déposer les armes, en quelque sorte. Alors seulement l'inattendu peut s'inviter dans notre vie.

Plutôt qu'un cheminement vers la connaissance, c'est donc à un voyage à l'envers que nous vous invitons. Un retour vers l'ignorance, hors des sentiers battus et des idées rebattues, sans carte ni boussole, avec pour seuls viatiques l'aiguillon de la curiosité... et le souvenir entêtant d'une petite musique venue du passé. Il y a trois cents ans, Marivaux nous montrait la voie en explorant pour nous la « surprise de l'amour ». S'y retrouvaient déjà l'envie et la peur d'aimer, les aveux et les esquives, le risque et la fuite. Bien avant la naissance de la psychanalyse, son théâtre donnait à voir des êtres complexes, déconcertés par quelque chose d'eux-mêmes échappant à leur conscience, effrayés par un désir aussi obscur que puissant, bref, des êtres qui nous ressemblent de façon troublante. Aujourd'hui encore, l'écho assourdi de leurs voix nous invite à sonder nos intentions, si faussement limpides, à chercher ce qui se cache peut-être derrière nos masques, à interroger des convictions trop assises. Il nous souffle surtout que la rencontre amoureuse reste, au-delà des temps et des lieux, des mœurs et des modes, une aventure intime toujours digne d'être tentée...

PREMIÈRE PARTIE

Le préjugé vaincu

Nous aimons tous à nous penser comme des esprits libres, dépourvus de tout préjugé. Et pourtant, nous sommes nourris de représentations qui nous incitent à lire le monde d'une manière univoque. Notre éducation, notre milieu, la société dans laquelle nous vivons nous suggèrent des modèles que nous avons du mal à reconnaître comme tels tant ils nous apparaissent comme des évidences.

L'amour ne fait pas exception à la règle : nous nous avançons vers lui bardés d'un supposé savoir sur ses lois, son fonctionnement et ses codes, sans imaginer que cela puisse être autrement.

Le problème, c'est que ces idées toutes faites font parfois écran à la réalité. Persuadés que « c'est comme cela que ça marche », nous nous ôtons la liberté d'accueillir les surprises que nous réserve le hasard dès lors qu'elles n'entrent pas dans ce cadre si bien dessiné. Nous nous figeons sur des attentes et des a priori qui rendent compte bien mal de la complexité de cette aventure. Nous nous empêchons aussi parfois d'écouter la voix de notre désir lorsqu'elle ne correspond pas à ce que nous jugeons « normal ».

S'ouvrir à la surprise de l'amour, cela passe donc d'abord par une mise en doute de ces idées reçues qui nous influencent à notre insu. En les identifiant, en repérant la manière dont elles agissent en nous, on peut alors prendre un peu de distance avec elles et admettre que la rencontre ne ressemblera peut-être pas à ce qu'on en avait imaginé.

Idée reçue n° 1

« Le bonheur, c'est (forcément) vivre à deux »

Le blues du célibataire

« Et toi... toujours personne dans ta vie ? »

Un jour, on finit par y avoir droit. La question émane de nos parents, mus par une inquiète sollicitude, d'une bonne copine au sourire complice, de notre petite sœur qui va bientôt se marier et s'avoue embarrassée de nous griller la priorité, de quelqu'un pris dans la foule des gens qui, eux, vivent accompagnés. « Toujours personne dans ta vie ? » Comme une piqûre de rappel qui vient pointer que, décidément, on ne ressemble pas tout à fait aux autres. Parfois, les mots n'ont même pas besoin d'être dits. Ils planent, latents, comme un point d'interrogation en suspens qu'il nous reviendrait d'effacer. Un(e) célibataire peut bien afficher un job passionnant, un carnet d'adresses rempli d'amis fidèles, une vie prodigue en plaisirs de toute nature, il lui manque aux yeux du monde un élément essentiel : une femme ou un homme avec qui partager le quotidien.

Aujourd'hui encore, la vie en solo est souvent présentée comme un échec. Un ratage. Une frustration. Il arrive que les magazines nous parlent de célibataires épanouis qui s'assument comme tels, libres et heureux. Mais le discours dominant reste celui de la déploration. Cœurs forcément transis, âmes souffrantes ou blessées, les célibataires inspirent de la compassion s'ils n'ont pas choisi cet état, une certaine méfiance lorsqu'ils le revendiquent. Comme si cette particularité relevait d'un dysfonctionnement auquel il conviendrait de remédier pour prétendre à une vie réussie.

Tant qu'elle n'est pas casée, une personne seule reste un cas, sur lequel le regard social pèse d'un poids très lourd. On la soupçonne égoïste, caractérielle, trop exigeante, névrosée. On la somme de faire preuve de dynamisme pour sortir de son célibat : « Tu devrais sortir plus souvent », conseillent les amis bien intentionnés. « Secoue-toi ! » intiment les moins délicats. On lui cite en exemple tous ceux et toutes celles qui ont réussi un jour à s'extirper de cette solitude à force de volontarisme. On l'invite aussi parfois à rabattre ses prétentions : « Tu es sûr(e) que tu ne te montres pas trop difficile ? » Il faut alors une force intérieure en béton armé pour résister à ces images négatives et ne pas se sentir insuffisant(e). Incompétent(e). Inadapté(e).

Le couple : l'étalon or de l'amour

De fait, le modèle dominant qui inspire nos choix de vie reste, aujourd'hui encore, la figure sacrée du couple, même si elle a beaucoup changé au cours des dernières décennies. La robe virginale, la pluie de riz, le oui échangé dans un murmure ému ne constituent plus une étape obligée pour deux personnes qui souhaitent vivre ensemble. Et même lorsque le mariage vient officialiser leur union, il se joue des conventions du passé : parfois précédé par la naissance des enfants, il s'achève fréquemment bien avant que la mort ne sépare les deux conjoints. Les familles recomposées font désormais partie d'un paysage familier, presque banal. Les unions homosexuelles commencent timidement à gagner droit de cité. Bref, tout ce qui cimentait autrefois l'institution du couple semble devenu instable, mouvant, relatif, ce que les esprits chagrins dénoncent comme une inquiétante perte de repères.

Pourtant, le couple d'aujourd'hui peut bien s'unir et se désunir avec une égale facilité, aussi fragile et fugace qu'un battement de cils, il n'en reste pas moins un horizon indépassable. Ce placement-là n'a pas perdu une once de sa valeur, comme si sa vulnérabilité même le rendait encore plus précieux, plus désirable. Partager la couette de la nuit et la cafetière du matin, se lover contre un corps accueillant, marcher main dans la main dans la rue, tisser au fil des jours des projets communs... Les images de l'éden amoureux ne se dessinent pas de façon identique pour tout le monde, chacun y glissera la part d'imaginaire qui lui ressemble, mais elles se rejoignent souvent sur un point : pour vivre heureux, il faut vivre à deux. Deux pour s'aimer, s'épauler, se parler, deux comme un nombre d'or sans lequel le compte n'est pas bon. Deux voués parfois à devenir trois, quatre, voire plus puisque le couple est implicitement fait pour fonder une famille. Cette combinaison-là reste aux yeux de beaucoup l'alpha et l'oméga de la félicité, le but intangible sans lequel aucun accomplissement personnel n'est possible. Et chacun a beau savoir au fond de lui que la séparation surgira peut-être au bout de l'histoire, il continue de cajoler le rêve de l'amour-toujours, comme un défi lancé aux statistiques.

Un modèle pas si naturel que ça…

Sans doute conviendrait-il de s'interroger sur ce modèle qui nous fait tant rêver. Et si le couple n'était pas cette évidence dont on nous rebat les oreilles ? Non, nous ne sommes pas voués *par nature* à partager un trois-pièces cuisine avec l'« âme sœur » qu'on se sera évertué à dénicher. Il n'existe aucune loi immanente qui destine les humains à s'apparier pour la vie comme dans un jeu de mistigri. Avant tout, le couple répond à une norme sociale, différente selon l'époque et la culture dans lesquelles elle se développe. La vie à deux ne constitue à cet égard qu'une option parmi d'autres : dans d'autres ethnies, c'est la polygamie ou la polyandrie qui organisent les rapports entre hommes et femmes. Chez nous, le couple doit son succès non à une distribution naturelle qui aurait réparti les humains par paires, mais plus prosaïquement à une volonté de normaliser les relations sociales. Le mariage servait dans l'aristocratie à transmettre le nom et le patrimoine, chez les gens du peuple à assurer la survie en permettant aux hommes de travailler aux champs pendant que les femmes assuraient la tenue du foyer. Au passage, les religions ont vu dans cette organisation un outil tout indiqué pour prévenir des débordements et imposer une morale conforme aux enseignements de Dieu, morale vouée à la fidélité et à une sexualité procréative. Bref, l'invention du couple n'a rien d'un élan spontané, mais tout de l'arrangement calculé.

L'amour n'a rien d'incontournable

On nous rétorquera qu'une révolution de mœurs est passée par là. Qu'aujourd'hui, dans nos sociétés occidentales, c'est l'amour qui mène la danse. Que c'est lui qui justifie notre envie de « rencontrer quelqu'un » et de nous installer en couple. Et quoi de plus universel, de plus inévitable, de plus nécessaire que l'amour ? Quel besoin plus inhérent à la nature humaine ? Pourtant, n'en déplaise aux romantiques, même l'acte d'aimer n'a rien d'incontournable. Il n'est pas certain que nous sentirions de la même façon cet élan de l'âme si nous n'y étions pas invités par une histoire, une littérature, une généalogie.

La valeur qu'on prête à l'amour est avant tout le reflet d'une culture donnée. Nous vivons aujourd'hui dans une ère qui l'exalte et le magnifie sans réserve. Mais on se tromperait à confondre cette incitation actuelle à aimer avec une propension naturelle à le faire. L'humanité a traversé des époques où l'amour occupait bien moins de place, voire encourait le mépris ou la défiance. Dans les périodes difficiles, durant lesquelles les hommes étaient contraints de batailler âprement pour leur survie, il est probable qu'il s'effaçait devant d'autres priorités : pour s'épanouir, il a besoin d'un minimum de confort.

Ajoutons à cela qu'il ne se manifeste pas chez tous les individus d'égale manière. Dès le plus jeune âge, il y a ceux qui aiment aimer, qui ressentent de la jouissance à se sentir épris, qui recherchent sans relâche le frisson de la passion... et d'autres que cela n'intéresse pas vraiment. Les premiers ne sont pas plus normaux que les seconds ne sont des cas pathologiques. Et lorsqu'il nous échoit d'aimer, ce n'est pas nécessairement sous la forme d'une romance échevelée. Il existe mille et une manières d'éprouver ce mouvement intime, mille et une nuances voisines et différentes à la fois : toutes partent d'une même énergie, puisée dans l'inconscient. Mais celle-ci trouve pour s'exprimer des formes extrêmement variées : l'inclination pour un homme ou pour une femme, l'attachement pour son enfant, la tendresse filiale, l'amitié, la passion, le dévouement pour son prochain...

Toutes ces déclinaisons du sentiment peuvent se croiser et se superposer, mais ne représentent en aucun cas des passages obligés. Certains individus ne rencontreront pas ce qu'on appelle l'Amour avec un grand A, mais entretiendront par exemple des relations amicales très riches, qui répondent mieux à leurs besoins et à leur histoire. Lorsqu'elle n'est pas vécue dans la souffrance, cette situation n'a en elle-même rien d'inquiétant…

Des images qui nous encombrent

Contrairement à l'évidence qui nous est si souvent suggérée, l'envie de vivre à deux ne répond donc à aucune nécessité. Le couple n'est pas ce terminus obligé auquel doit nous conduire un jour ou l'autre l'âge adulte. De quoi nous libérer de l'injonction despotique à trouver l'âme sœur ? Ce n'est bien sûr pas si simple.

Qu'elle réponde à un conditionnement social et non à une loi de la nature ne nous empêche pas d'en avoir envie. Et la souffrance de ne pas aimer ni être aimé n'en est pas moins grande. Mais comprendre que cette envie-là n'a rien de « naturel » peut inciter à s'interroger plus avant sur son propre désir, en touchant du doigt tout ce que le schéma du couple contient de représentations, héritées de notre éducation et de notre culture. Ce sont elles qui nous soufflent qu'il faut vivre à deux pour être heureux. Il serait illusoire d'espérer s'en débarrasser définitivement : nous sommes faits de ces images, elles nous structurent tout autant qu'elles nous encombrent.

Mais plutôt que de traîner aveuglément ce bagage derrière soi, il peut être profitable de l'ouvrir pour examiner ce qu'il recèle. Dès lors qu'on a pu repérer les clichés qui s'y cachent, il devient envisageable de prendre un peu de distance avec eux : et si ce qui m'a été présenté comme allant de soi n'avait qu'une valeur relative ? Le doute permet de ne pas rester collé à une vision des choses, considérée comme la seule vérité, et de faire entrer un peu d'air, en remplaçant certaines images par d'autres… qui elles-mêmes un jour seront sans doute remises en question.

L'essentiel, c'est que ces représentations puissent circuler en moi, voire vaciller si la vie m'offre en cadeau une histoire qui n'entre pas dans le cadre que j'avais imaginé. Si je suis convaincu(e) que la vie en couple est l'unique issue possible pour connaître le bonheur, je m'interdis du même coup certaines rencontres incertaines, qui pourraient pourtant m'apporter beaucoup. Si, au contraire, j'admets l'idée que la vie commune n'est qu'un modèle parmi d'autres, je peux bien continuer à le lorgner avec envie (on ne se refait pas aussi facilement…), mais je me place au moins dans la situation de me laisser surprendre, peut-être, par un schéma différent.

Un idéal à interroger

Mettre en doute la validité de ces images, c'est aussi et surtout tenter de comprendre où et comment elles agissent en nous. Qu'est-ce qui se terre derrière notre aspiration si impérieuse à partager le quotidien avec quelqu'un ? Pourquoi (ou pour qui) est-ce que nous poursuivons avec tant d'acharnement cet idéal ? Est-ce seulement par envie d'un autre, de sa tendresse et de son mystère ? Est-ce pour échapper à une solitude perçue comme terrifiante ? Ou bien est-ce pour nous conformer aux attentes de nos parents, à l'exemple que nous montrent les amis, à une image sociale acceptable ?

Il arrive parfois que l'on découvre ainsi que ce désir n'est pas vraiment le sien et qu'au fond de soi, on caresse dans l'instant d'autres envies que le partage du quotidien avec un homme ou une femme.

À moins que nous ne cherchions à rencontrer quelqu'un tout bonnement pour être heureux ? Là encore, il peut être pertinent de questionner l'image qui se dessine en filigrane : à quel type de bonheur rêve-t-on ? Pour peu que nous grattions un peu le vernis, nous découvrons souvent un tableau plus complexe que nous ne l'imaginions, un tableau où se superposent des motifs mal assortis. S'y dévoilent l'envie d'aimer librement, avec passion et sincérité, mais aussi l'espoir de trouver dans le couple un refuge durable, une enceinte à l'abri de laquelle on pourra se poser sereinement. D'un côté, nous aspirons à écouter notre cœur, à laisser parler notre être, à en accompagner le mouvement ; de l'autre, nous voudrions figer les choses pour ne pas risquer la sortie de route.

Derrière ce fantasme de bonheur au long cours se profile en pointillés le regret d'un temps où les partenaires se juraient fidélité à vie et ne se quittaient pas, où la vie conjugale ressemblait à un long fleuve tranquille dont jamais le cours ne débordait, où la permanence des unions allégeait les individus de la crainte de la séparation. Ce schéma-là agit toujours à notre insu comme un modèle implicite.

Le couple d'autrefois : un âge d'or lesté de plomb

Mais nous oublions au passage tout ce que cet âge d'or recélait de plomb. Les unions d'alors n'étaient durables et sûres que parce qu'elles reposaient sur un contrat, non sur les sentiments. Pendant très longtemps, le mariage est resté un acte de raison. L'amour était le propre de la littérature et de quelques rares audacieux, un luxe réservé à une petite élite. Et même lorsque mariage et amour ont commencé à aller de pair, la raison a longtemps gardé le dernier mot. Si l'inclination mutuelle des deux époux venait à faiblir, voire à disparaître au cours de la vie commune, leur devoir imposait malgré tout de rester ensemble. La solidité des couples ne devait rien à une sagesse aujourd'hui perdue, comme certains nostalgiques aimeraient le croire, mais plus prosaïquement au fait qu'ils n'avaient pas le choix : divorcer, cela ne se faisait pas...

Cela ne signifie pas qu'une histoire d'amour est vouée à s'éteindre fatalement au bout de quelques années. Ni qu'il faille s'interdire l'envie de vieillir ensemble dès lors qu'on rencontre un partenaire avec lequel on se sent bien. Simplement que le fantasme d'une rencontre qui nous mettrait définitivement à l'abri de toutes les tempêtes doit être examiné avec un minimum de distance.

Le couple à l'ancienne ne protège de rien, sinon peut-être de l'amour dans ce qu'il a de vivant et de mobile. Nous avons gagné la liberté précieuse de choisir la personne avec laquelle nous avons envie de tenter l'aventure du couple ; la liberté aussi de nous en séparer si nos sentiments venaient à changer. Cette liberté-là n'a rien de confortable. Mais la rigidité d'antan l'était sans doute encore moins.

Une mise en scène de nos névroses

Combattre les idées reçues revient donc d'abord à faire descendre l'idéal du couple de son piédestal. Si la vie à deux peut se révéler une authentique source de plaisir, elle n'est pas en elle-même garantie de bonheur. Elle ne résoudra pas nos problèmes comme par magie du seul fait qu'on partagera son quotidien avec quelqu'un. Bien au contraire !

Quand la rencontre amoureuse est perçue a priori comme une planche de salut, elle suscite presque à coup sûr la désillusion. Car si aimant, si attentionné soit notre partenaire, il ne pourra à lui seul apaiser nos angoisses et combler nos failles. D'autant moins que lui aussi cache forcément de petites et de grandes faiblesses… Loin d'être un refuge qui pansera nos plaies, le couple représente une aventure qui nécessite au préalable d'être un tant soit peu en paix avec soi-même. Sinon, il risque de devenir l'alibi rêvé pour justifier nos frustrations.

Avec une parfaite bonne foi, on imputera à l'autre tout ce qui ne va pas dans notre vie. Combien d'hommes et de femmes adressent ainsi de façon récurrente des reproches plus ou moins masqués à leur conjoint pour exprimer leur insatisfaction ? « J'ai envie de sortir et de m'amuser, mais à cause de toi, on ne fait jamais rien ! » soupire l'une d'un ton résigné. « Tu n'as jamais envie de faire l'amour. Ne t'étonne pas si un jour je vais en voir une autre ! » menace un autre. Une accusation bien commode pour se dégager de toute responsabilité personnelle. Et pour éviter de se poser la question de ce que soi-même, on désire vraiment.

En cela, le couple peut se révéler une parfaite mise en scène névrotique. La névrose est en effet un système de défense élevé inconsciemment pour nous empêcher d'écouter notre propre désir, perçu comme dangereux. Dans cette histoire, est-ce vraiment l'autre qui refuse de sortir et de s'amuser ? Ou est-ce moi qui crains de me hasarder dans des sentiers que je juge trop risqués, pour des raisons propres à mon histoire ou à mon éducation ? Suis-je bien sûr que nous ne faisons pas beaucoup l'amour à cause de la froideur de ma femme, ou parce que moi-même, je n'en ai pas profondément envie ? Vivre avec un autre ne vaccine pas contre les névroses, mais peut insidieusement les conforter…

Un arrangement à inventer chemin faisant

Ni enfer, ni paradis, ni modèle, ni obligation, le couple s'apparente donc plutôt à une coquille qu'il revient à chacun d'habiter ou pas, en l'aménageant à sa façon. À cet égard, appartenir à notre époque n'est peut-être pas un si mauvais destin… Quand tellement de pessimistes crient à la catastrophe face à l'éclatement des traditions familiales, sans doute faudrait-il regarder cette évolution comme une vraie chance.

Les anciennes règles qui enfermaient les rapports amoureux dans une gangue de fer s'effritent peu à peu ? Tant mieux ! Elles nous libèrent du même coup de schémas obligés en desserrant leur étau et nous ouvrent ainsi une brèche dans laquelle nous pouvons essayer d'inventer une existence qui nous ressemble. Il n'existe pas une seule et unique bonne manière de vivre l'amour. C'est à chacun de trouver la sienne, sans idée préconçue sur ce qu'il convient de faire ou de ne pas faire.

Peut-être notre désir nous portera-t-il à vivre cette belle idylle qui s'ébauche sans loger à la même adresse. Et même si nous sacrifions à la convention si courante de la cohabitation, il nous faudra forcément sortir des schémas tout tracés pour imaginer un arrangement qui concilie nos deux désirs. Cet arrangement-là ne peut pas se décréter a priori mais se crée et se transforme chemin faisant, à quatre mains, en se méfiant plus que tout des « il faut » et des « c'est comme ça que ça marche ». Chaque couple secrète une économie qui lui est propre, à travers les détails les plus concrets du quotidien (qui paie quoi ? qui s'occupe de quoi ?), mais aussi les attentes plus ou moins implicites des deux partenaires. Cette économie parle de nous dans ce que nous avons de plus intime, de ce que nous serons prêts à investir dans la relation, de ce que nous accepterons de lâcher, de ce que nous attendons d'en retirer comme profit.

Les modèles ne nous seront alors d'aucun secours, les rêves si lénifiants de couple à l'ancienne encore moins.

Cette aventure-là s'invente et se réajuste sans arrêt, au fil des jours passés ensemble. Nul ne peut prédire avant de la vivre ce qu'elle sera ni le temps qu'elle durera. La seule certitude, c'est que moins on s'accrochera à un idéal de couple, plus on multipliera les chances d'approcher ce bonheur qui nous donne l'eau à la bouche…

Idée reçue n° 2

« Les aventures d'un soir, ça ne sert à rien »

L'insoutenable légèreté du flirt

Un regard qui joue à cache-cache, quelques mots complices échangés dans le brouhaha d'une soirée, et puis une attirance diffuse qui nous instille l'envie de frôler ce corps-là : oui, cet homme (ou cette femme) nous plaît. Il suffirait de peu pour entrer dans le petit jeu de la séduction et, peut-être, finir la nuit entre ses draps. Sauf que… les aventures sans lendemain ne sont pas notre tasse de thé. Trop faciles. Trop triviales. Et de surcroît, totalement inutiles. Dans le passé, on a pu y céder parfois, liaisons éphémères tissées à partir d'un rien, histoires d'un soir écrites sur du vent. Mais aujourd'hui, on aspire à autre chose, on voudrait construire du solide. Du stable. Du sérieux. Autant de qualités qu'on oppose à l'immédiateté du désir tel qu'il s'exprime ici. Alors on rentre chez soi, convaincu(e) qu'une aventure s'invitant de façon aussi légère dans notre vie ne mérite pas d'être vécue.

Ainsi donc, notre vie amoureuse obéirait à une géographie binaire : d'un côté, il y aurait la vraie rencontre, qui nous parle d'engagement et de durée ; de l'autre, les voluptés passagères. Amour versus désir. La force du sentiment contre la légèreté du flirt. Cette frontière invisible nous forcerait à choisir d'emblée notre camp : ou je veux construire un couple, ou je m'amuse ; ou je me soucie du cérébral, ou je m'adonne au charnel. Entre les deux, pas de troisième voie possible. Opter pour l'un, ce serait de facto renoncer à l'autre.

Là encore, les représentations ont la vie dure. Elles nous dessinent un canevas rassurant, sur lequel il nous revient de broder le motif. Mais en décidant à l'avance de ce que doit être une rencontre, elles orientent la façon que nous aurons de les vivre... ou de les éviter. Quand nous nous plaçons d'emblée dans une démarche affirmée (qu'il s'agisse de rechercher une histoire qui dure ou au contraire une aventure d'un soir), nous faisons déjà le choix de la route que nous allons prendre. Et nous élevons les barrières qu'il faut pour ne pas emprunter un autre chemin. C'est une façon calculée de gérer la rencontre, de s'assurer qu'on ne va pas être décontenancé par elle. Mais c'est aussi se placer dans une attente tellement précise qu'elle empêche le vertige de l'inconnu.

Sans désir, pas d'amour !

Interrogeons donc un instant ces représentations qui nous font repousser la perspective d'une aventure, alors même qu'on rêverait de rencontrer quelqu'un pour enchanter notre quotidien. Pourquoi la regarder avec autant de défiance ? Et surtout, pourquoi décider à l'avance qu'elle est vouée au provisoire ? D'abord sans doute parce qu'elle renvoie à une facette un peu effrayante de l'amour.

L'aventure d'un soir serait cette débauche incontrôlée des sens qui n'a rien à voir avec le sentiment, un avatar du désir dans ce qu'il peut avoir de plus cru et de plus impudique. Or, l'amour tel qu'on nous l'enseigne depuis l'enfance ne saurait débuter sous des auspices aussi sulfureux. Bien sûr, notre époque ne cesse de clamer que dans un couple, l'harmonie des sens occupe une place primordiale. Mais nous restons pétris de l'idée que la jouissance physique doit plutôt intervenir *après* tout le reste : d'abord le cœur, ensuite le corps. Aborder une rencontre en bouleversant cet ordre implicite reviendrait à partir sur de mauvaises bases. Car le désir brut est ce qui fait chuter l'amour, en le confrontant à notre part d'animalité. Il renvoie à cette région de soi, sauvage et inquiétante, qui s'accorde parfois difficilement avec nos rêves les plus romantiques.

Et pourtant, qu'on le veuille ou non, le désir joue un rôle central dans une rencontre. Certes, il arrive qu'il soit dissocié du sentiment amoureux et nous conduise vers un partenaire avec lequel on n'a d'autre affinité que celle qui aimante nos deux corps. Ce n'est pas parce qu'on a envie de faire l'amour avec quelqu'un qu'on en est épris. Mais à l'inverse, il n'existe pas d'histoire d'amour qui ne soit traversée par cette énergie pulsionnelle.

Entendons-nous : ce désir, si vital, si dynamique, si inattendu aussi, ne se traduit pas forcément par une envie irrépressible d'étreintes torrides ou de galipettes inavouables : il peut tout aussi bien s'exprimer par un simple intérêt pour l'autre, une curiosité qui n'a au départ rien de sexuel. Mais il irrigue toujours d'une manière ou d'une autre l'amour, qui a besoin de ce jaillissement-là pour ne pas se transformer en idéal, donc en fantasme mortifère.

Des interdits anciens, mais tenaces

La mise à distance d'une aventure dictée par le désir exprime donc souvent la peur qu'elle nous inspire. Mais elle s'explique aussi par la prégnance de certains tabous, en particulier chez les femmes. Pour beaucoup d'entre elles, se livrer trop tôt, se donner au « premier venu » reste aujourd'hui encore un acte considérable, en raison des interdits qui ont longtemps pesé sur leur vie intime.

Pendant des siècles, une morale d'airain a dicté les comportements des garçons et des filles : alors que les premiers se voyaient encouragés à exercer leur virilité avant le mariage, les secondes se devaient de garder l'intégrité de leur corps pour leur futur époux. Les uns comme les autres ont eu à souffrir de ces figures imposées et continuent aujourd'hui d'en garder la trace, même si la libération des années soixante-dix est passée par là : nombre d'hommes se sentent écrasés par l'impératif de performance sexuelle qui leur est traditionnellement dévolu. Quant aux femmes, elles gardent ancrée en elles l'idée, très tenace, qu'il y a dans l'amour une partie d'elles à sauvegarder, à ne pas céder à n'importe qui, au risque d'y perdre quelque chose. Ce que cette perte recouvre semble souvent un peu flou : c'est aujourd'hui rarement la virginité, ce n'est plus tout à fait non plus la réputation. Mais il est fortement question tout de même de l'image de soi que l'on donne à voir à l'autre et du respect qu'il risque de nous retirer si l'on cède trop rapidement à l'appel du désir. Un désir qui, du coup, ne devient acceptable que si l'on y met du sentiment...

Même les plus affranchies se surprennent parfois à raisonner sur un mode coupable dès lors qu'elles ont en tête d'entamer une relation suivie avec un homme. Elles se reprochent alors un comportement trop facile, auquel elles attribuent l'échec de la rencontre. « Si nous n'avions pas couché ensemble dès le premier soir, il m'aurait peut-être rappelée... » Comme s'il y avait un prix à payer pour avoir trop usé de sa liberté.

Pourtant, céder à un désir partagé, se faire du bien ensemble, cela représente un beau témoignage de respect qu'on se marque à soi-même et qu'on accorde à l'autre.

Trop facile pour être honnête !

Si l'aventure éphémère est regardée de haut, c'est aussi parce qu'elle semble manquer de sérieux. Ce qui la rend suspecte à nos yeux, c'est son apparente facilité : un élan spontané qui toucherait si vite son but éveille inquiétude et méfiance, car il va à l'encontre de tout ce que notre éducation nous a enseigné avec constance.

Depuis l'enfance, nos parents et nos maîtres nous serinent qu'on n'a rien sans rien et qu'il importe de fournir des efforts pour prétendre accéder au plaisir. Dans quelque domaine que ce soit, il faut commencer par retrousser ses manches avant d'obtenir une récompense. La jouissance immédiate est entachée de soupçon et ramenée à un caprice, à cette part infantile de nous-mêmes qui voudrait tout, tout de suite. Très présente dès lors qu'il est question de travail, cette morale opère aussi de façon souterraine dans le champ amoureux.

Insidieusement, nous sommes nourris de la conviction qu'une rencontre digne de ce nom se mérite. Qu'il va falloir la construire dans le temps, pas à pas, sans hâte. Que le désir, dans sa légèreté et son immédiateté, ne peut constituer un socle fiable pour bâtir quelque chose de solide : puisqu'il s'est imposé si vite, peut-être s'enfuira-t-il comme il est venu. Trop volatil pour être honnête ! Résultat : on se persuade qu'une histoire qui démarrerait trop vite à l'horizontale est vouée à ne pas durer. Plus je me découvre séduit(e) par l'autre dans ce qu'il exprime de pétillant et de léger, plus je me défie de lui. La facilité est toujours menacée de désillusion.

Sans doute faudrait-il se départir de cette idée que ce qui nous semble le plus accessible n'est pas digne d'intérêt. Puisque l'amour ne relève pas de notre volonté consciente, il est illusoire de penser le gagner à coups d'efforts et de mérite. Ce mouvement-là se moque bien des « il faudrait » et des « il n'y a qu'à », car il obéit à un désir qui nous échappe : on n'en prend la mesure qu'après coup, en regardant dans le rétroviseur. À cet égard, suivre l'élan qui nous porte vers quelqu'un ne représente pas forcément un mauvais calcul, même si l'histoire qui s'esquisse ne semble pas a priori faite pour durer…

Ne pas laisser filer le désir

Cela ne signifie pas pour autant que l'aventure sans lendemain doit s'imposer comme un passage obligé sans lequel on ne serait pas apte à la rencontre amoureuse. Peu de gens se sentent l'âme d'une amazone ou d'un don Juan partant en chasse pour se targuer de nouvelles prises. Le « ce soir, j'emballe » résonne assez tristement dans son volontarisme conquérant qui ne laisse nulle place à la surprise. Si l'on se lance dans une entreprise de séduction sur le mode de la bravade, on ne fera rien d'autre que de substituer une norme à une autre, ce qui, au mieux, nous donnera l'impression d'une petite victoire personnelle, au pire, nous confortera dans l'idée qu'on n'est pas fait(e) pour ça, mais qui dans les deux cas ne conduira pas bien loin.

Non, ce qui importe surtout, c'est de ne pas laisser filer un désir qui naît, sous prétexte que l'histoire risque de ne pas durer. Un désir qui n'est encore une fois pas à entendre uniquement dans son sens sexuel, mais plus largement, dans celui d'un mouvement qui nous porte vers l'autre, un appétit, une gourmandise. Si nous ne sommes pas obnubilés par le devenir de ce qui s'ébauche dans l'instant, nous pouvons peut-être nous autoriser plus facilement le pur plaisir de la rencontre... sans préjuger de l'endroit où elle nous conduira. Il existe des chemins de traverse qu'on ne peut deviner tant qu'on ne les a pas empruntés.

Plutôt que d'élever autour de soi tous les boucliers possibles dès lors que s'approche la perspective d'une aventure, plutôt que de refouler la satisfaction qu'elle nous promet, on gagne à laisser la séduction jouer sa partition. Peut-être au final nous apprendra-t-elle que nous n'avons pas envie d'aller au-delà de cet instant complice. Peut-être nous entraînera-t-elle vers un prochain rendez-vous, puis vers un autre, et encore un autre... À moins qu'elle ne se solde par un câlin sensuel et sans suite. Seul l'avenir peut le dire...

Le couple, la fin de la récréation ?

Mais pour se laisser entraîner par la vague et découvrir ce qu'elle nous réserve, encore faut-il mettre en doute cette idée tenace qu'un engagement véritable est incompatible avec une certaine légèreté. Non, la récréation n'est pas forcément finie sous prétexte que désormais, nous cherchons à vivre une rencontre dans la durée !

Si l'on imagine qu'une relation stable ne se gagnera qu'à coups de sérieux et de sacrifices, si on pense le couple comme un lieu forcément éloigné de toute légèreté, si on croit que devenir adulte est le contraire de se donner du plaisir, on risque fort de se priver de tout ce qui fait le sel de la vie. Au bout du chemin, c'est l'ennui qui guette en embuscade. Le gage le plus sûr que la rencontre se solde par une séparation.

Car même s'il répond à notre souhait très sincère de nous ranger et de « devenir adulte », ce projet va inévitablement se heurter au garnement qui vit en nous, à cette part de notre inconscient qui réclame du plaisir et qui ne veut pas renoncer à jouer. Notre psychisme résonne de trois voix différentes qu'il faut savoir laisser chanter d'une manière ou d'une autre : la voix du Surmoi, cette autorité qui prône la raison et nous exhorte à ne pas sortir des clous ; la voix de nos pulsions, qui réclament d'être satisfaites dans une quête permanente de jouissance ; enfin la voix de notre Moi, qui tente de concilier ces deux mouvements contradictoires. Pour qu'un couple puisse résister au temps et aux accrocs de la vie commune, il est important de ne pas sacrifier une voix à une autre et de ne pas bâillonner le sale gosse malicieux qui parle en nous. Cela ne fera pas forcément de nous des êtres irresponsables et immatures.

L'engagement amoureux implique sans doute d'agir en adulte, mais pas forcément au sens où on l'entend souvent. Être adulte, c'est exister comme sujet, comme un être vivant qui dit « je veux et j'existe » et qui assume le choix de ses jouissances. Ce n'est pas se résigner à une vie trop raisonnable d'où seraient bannies les joies et la fantaisie. Je me comporte en être responsable lorsque je choisis sciemment de vivre certaines aventures, avec ce qu'elles supposent de contraintes liées au réel et à ses lois, non quand je me réfugie d'emblée derrière les obligations en affirmant que je ne peux pas faire autrement. On ne peut réellement se dire responsable que si on se donne la capacité de choisir.

Cueillir le fruit sur la branche

Savoir écouter le garnement en nous, c'est peut-être aussi retrouver cette aptitude si précieuse que montrent les plus jeunes à profiter du présent, y compris lorsqu'ils découvrent les affres du sentiment amoureux. Car les enfants aiment, eux aussi. Ce sentiment-là n'est pas réservé à notre haute intelligence d'adultes, il se manifeste parfois dès les premières années de la vie. Aussi puissant, aussi dérangeant, aussi bouleversant qu'il le sera plus tard.

Lorsque l'enfant de maternelle parle de se marier avec son amoureux ou son amoureuse, il ne sacrifie pas seulement à un mimétisme qui lui ferait adopter spontanément les codes du monde adulte. Il célèbre aussi et surtout son éblouissement du moment et le souhait qu'il se prolonge, encore et encore. Même s'il peut faire sourire les adultes, cet engagement-là est sans doute le plus précieux et le plus juste qui soit : c'est ce que je vis ici et maintenant qui me pousse à vouloir vivre avec toi, non le fantasme d'un abri sûr qui me protégera de tout.

Au moment où s'ébauche une possible rencontre, il faudrait réussir à retrouver cette forme de bienheureuse inconscience, ne rien extrapoler pour simplement vivre dans toute son intensité ce qu'elle nous offre dans l'instant, sans la rejeter d'emblée sous prétexte qu'elle nous fait perdre du temps. Comme le minot de maternelle, seule devrait nous guider la curiosité de cet autre si différent qui nous attire, dans sa singularité et son opacité. Lorsque nous parvenons à renouer avec cette spontanéité-là, elle nous met en cohérence avec nous-mêmes et nous donne l'impression intime d'occuper vraiment notre place dans le monde.

Mais pour se laisser emporter dans un tel mouvement, il faut avoir renoncé au fantasme de *la* rencontre telle que nous l'attendons dans nos pensées les plus secrètes. Nous cajolons tous le scénario idéal, propre à chacun, du film d'amour dont nous serons le héros. Nous avons esquissé le profil de celle ou celui qui saura nous charmer. Nous avons imaginé les circonstances dans lesquelles il ou elle déclarerait sa flamme. Rêveries délicieuses et nécessaires... à condition de ne pas les laisser cannibaliser le réel.

C'est à ce titre aussi que l'aventure amoureuse, si légère semble-t-elle, mérite autre chose que du dédain : parce qu'elle déjoue forcément nos attentes et nous oblige à nous confronter avec la vraie vie. Plutôt que de la rejeter comme un épiphénomène tout juste bon à nous détourner de notre projet de rencontre sérieuse, sans doute vaudrait-il mieux la considérer comme une chance. En nous rappelant le premier sens du mot « aventure », dont le dictionnaire dit qu'elle est « ce qui arrive d'imprévu, de surprenant ». Les meilleurs auspices qui soient pour trouver un jour l'amour sur sa route…

Idée reçue n° 3

« L'âme sœur existe… il suffit de la trouver »

Est-ce le bon ? Est-ce la bonne ?

Lorsque se dessine une rencontre galante qui nous fait battre le cœur plus vite que de coutume, une question affleure, angoissante et têtue : est-ce enfin le partenaire qu'il me faut ? Celui avec lequel je me sens suffisamment bien pour envisager un avenir commun, peut-être même fonder une famille ? L'imagination se met en branle, les rêves dansent leur joyeuse sarabande, mais toujours cette petite voix intérieure s'inquiète : est-ce le bon ? est-ce la bonne ? Et si, encore une fois, j'allais m'égarer dans une impasse ? Comment être certain(e) que je fais le bon choix et que je ne vais pas le regretter ?

Difficile de ne pas céder à ce mouvement, tant spontanément nous sommes portés à nous projeter dans le futur, tant aussi nous sommes avides de vivre l'amour au long cours. Qui ne se souhaite à lui-même de connaître le meilleur et de prolonger l'émoi du présent par une belle histoire de vie partagée ? Quel amoureux ne se sent pas l'élan d'aller de l'avant, porté par cette énergie nouvelle qui l'anime ? Oui, la rencontre a ceci de merveilleux qu'elle nous insuffle l'envie gourmande de croquer dans la vie et de tirer des plans sur la comète. Mais lorsqu'elle se crispe sur l'idée de « bon » partenaire, elle nous entraîne sur une mauvaise piste.

Car cette idée recouvre une chimère aussi séduisante que dangereuse : celle de la moitié manquante. C'est l'idée que quelque part, sur cette Terre, existerait un être auquel tout nous destine. Le défi de la rencontre amoureuse consisterait à trouver cette autre partie de soi-même, qui garantira une harmonie pérenne au sein du couple parce que sa personnalité entre en parfaite adéquation avec la nôtre. Évaluées à l'aune de cet idéal, les autres rencontres, imparfaites et dérisoires, n'apparaissent alors que comme des ersatz, forcément vouées à l'échec.

À la recherche de sa moitié perdue

Cette vision du couple rejoint un mythe très ancien qui a traversé les siècles et baigné les littératures du monde entier avec une troublante constance. Dans *Le Banquet,* qui discourt sur l'origine de l'amour, Platon en fait, par la bouche d'Aristophane, un récit cocasse et touchant. Jadis, selon lui, les humains n'avaient pas l'apparence qu'ils affichent aujourd'hui. Sphériques, munis de quatre bras et de quatre jambes, ils jouissaient d'une force et d'une rapidité extraordinaires, au point que, bouffis d'orgueil, ils eurent un jour l'audace d'affronter les dieux perchés sur l'Olympe. En guise de punition, ces derniers les condamnèrent à être coupés en deux. Depuis, les pauvres créatures humaines que nous sommes cherchent inlassablement leur moitié pour tenter de retrouver leur unité perdue. Seule cette pièce de puzzle unique, qui s'enchâsse très exactement dans la nôtre, aurait le pouvoir de nous délivrer de l'insatisfaction chronique de notre âme.

Si cette image de la moitié d'orange continue d'agir en nous si puissamment plus de deux mille ans après les penseurs grecs, ce n'est pas seulement parce qu'elle est jolie. Ni même parce qu'elle répondrait à une quête éperdue d'absolu. C'est aussi parce qu'elle nous rassure. Ainsi donc, malgré notre indépassable solitude, malgré cette condition humaine qui nous isole dans les limites de notre corps, il existe un autre être capable de pallier ce qui nous manque, un autre voué à nous comprendre sans qu'on ait besoin de tout lui expliquer, un autre qui nous ressemble. Si nous parvenons à le trouver, nous n'éprouverons plus alors cette sensation d'incomplétude qui nous tenaille parfois : l'âme sœur saura, mieux qu'aucune autre, nous deviner et nous combler. Entre elle et moi, pas de malentendu possible, puisque nous sommes des âmes siamoises. Cet amour-là sera immédiat, spontané, naturel et nous épargnera toute déconvenue : une fois trouvé(e) l'homme ou la femme de sa vie, il ne restera plus qu'à jouir en toute quiétude de notre unité retrouvée.

Je suis comme je suis...

À première vue, ce rêve-là peut sembler inoffensif : quel mal y aurait-il donc à chercher celle ou celui qui saura nous comprendre ? À quel péril nous expose l'espoir de rencontrer l'homme ou la femme de notre vie ? Cela ne signifie pas nécessairement que nous recherchons quelqu'un de parfait : juste un partenaire amoureux dont les qualités et les défauts s'accorderaient aux nôtres. Certains couples ne prouvent-ils pas que l'on peut vivre à deux une belle histoire commune, tissée de tendresse et de complicité ? Quand tant d'autres se séparent ou se déchirent, ceux-là semblent s'être trouvés définitivement et jouer à quatre mains une partition harmonieuse. C'est donc bien qu'il existe sur terre des paires d'humains plus ou moins bien assorties et que certains partenaires sont plus compatibles que d'autres...

Sans doute. Mais croire que la complémentarité supposée de deux caractères peut assurer la réussite d'une histoire d'amour expose à une désillusion certaine.

D'abord parce que cela induit de définir précisément qui nous sommes. Une démarche qui peut vite tourner à une introspection nombriliste peu propice à la rencontre : à force de nous penser, de nous évaluer nous-mêmes, nous pouvons en oublier l'autre, nous pouvons même nous sentir dérangés par lui, qui vient troubler cette réflexion intime de soi à soi. Ensuite et surtout parce que cette perception de la rencontre repose sur une vision très statique de notre identité. En figeant chacun dans la représentation de ce qu'il pense être, elle postule que cette complémentarité est acquise une fois pour toutes : comme si nous naissions avec des caractéristiques bien précises, intangibles et permanentes, vouées par là à se répondre éternellement. Puisque je suis comme je suis et que mon partenaire est comme il est, nous sommes faits pour nous entendre. Mais qui peut dire ce que chacun d'entre nous est exactement ?

Sans cesse, nous tentons de mettre des mots sur cette réalité si fuyante, sans cesse nous nous échinons à définir notre caractère et nos goûts, nos préférences et nos particularismes. Je suis timide, volage, romantique, réaliste, jaloux... Mais aussitôt, nous percevons bien tout ce que ces définitions ont de réducteur, nous constatons qu'un adjectif en appelle un autre, et que cette somme même ne parvient pas à nous raconter dans notre globalité, tant l'identité est une réalité multiple, changeante, voire contradictoire.

Nous sommes des êtres du temps

Pourtant nous nous berçons de la conviction que derrière ces variations infinies se cache un moi immuable, tel un noyau dur que rien ne peut déformer ni dissoudre. C'est cette vérité de soi qu'il s'agirait de rencontrer, chez soi-même comme chez l'autre.

Notre époque, d'ailleurs, pousse dans ce sens en conférant au moi une place très importante : pour nombre de magazines de psychologie, se connaître soi-même serait la clef d'une vie réussie, car compréhensible et maîtrisée. Alors, inlassablement, nous sondons nos pensées, nos élans et nos vertiges pour tenter d'en extraire une image juste de nous-mêmes, un autoportrait aux contours nets et aux couleurs franches.

En fait, il serait sans doute plus pertinent de considérer notre identité comme les astrophysiciens contemporains ont appris à le faire avec notre univers : davantage que d'une matière compacte et définie, nous sommes constitués de temps. Le regard introspectif que je porte sur moi-même n'est révélateur que du moment fugace où il a lieu, comme un arrêt sur image dans le film d'une vie.

Personne n'est tout d'une pièce ni ne reste tout à fait le même du début à la fin de son existence. Je change, insensiblement, mon partenaire aussi change, nous changeons sous l'effet des événements, de la personne qui nous fait face, de la relation qui s'instaure avec elle, et nous ne pouvons prévoir à l'avance ce que la vie nous fera devenir. Idée vertigineuse, qui vient pulvériser cette idée de permanence de soi à laquelle nous sommes tant attachés, mais qui nous inscrit dans le flux de la vie bien plus sûrement qu'un moi inoxydable.

L'aventure amoureuse se joue dans la rencontre d'un trio toujours renouvelé : moi, l'autre, et le moment qui nous réunit. Si nous restons accrochés à l'idée de deux consistances qui s'emboîteraient l'une dans l'autre comme le tenon dans la mortaise, nous occultons la dimension du temps qui passe et du mouvement qui nous fait vivants. Nous nions du même coup tout ce qui fait la richesse d'une rencontre et lui permet de s'inscrire dans la durée.

Découvrir l'autre, aujourd'hui et demain

Aimer l'autre ne devrait donc pas consister à chercher en lui la personnalité qui s'accordera à la nôtre. Mais plutôt à se lancer dans une exploration vers l'inconnu, vers cette altérité qui nous intrigue, vers un ailleurs insoupçonné. Et nous livrer aujourd'hui à cette découverte mutuelle ne doit pas nous dispenser de le refaire demain. Parce que demain, ni l'autre ni moi ne serons tout à fait les mêmes.

La vie, avec ses imprévus, ses accidents, ses surprises bonnes et moins bonnes, nous amènera sur des chemins que nous n'avions peut-être pas envisagés. La présence même de l'autre à nos côtés va modifier nos habitudes, certains traits de notre caractère voire quelques-unes de nos convictions. Dans un couple, même le plus harmonieux, rien n'est donc jamais acquis pour toujours : ni l'équilibre des forces, ni la compréhension mutuelle, ni la façon de partager le quotidien. Le sentiment amoureux lui-même varie au cours du temps : tantôt incandescent, tantôt plus serein, il s'impose à certains moments au premier plan de notre vie, s'efface à d'autres derrière de nouvelles priorités, ressurgit sous une forme différente… Loin de ressembler à une route toute tracée, il zigzague entre doutes et insouciance, incompréhension et complicité.

Ces variations-là représentent autant de défis lancés au couple pour réinventer au jour le jour une nouvelle manière de s'aimer. Cela implique des ajustements et des remises en question, mais c'est aussi ce mouvement perpétuel qui rend la vie tellement passionnante. Plutôt que de déplorer que notre partenaire n'est plus l'homme ou la femme qui nous a séduit(e)s, que notre amour n'est plus le même qu'au premier jour, il faudrait s'en féliciter, comme d'une preuve que nous sommes toujours vivants. Si l'on regarde toute évolution de l'autre comme une trahison, on s'interdit d'inventer une suite à l'histoire. Défendre farouchement le statu quo condamne l'amour à mort.

Accepter la prise de risque

Or, c'est bien à cette mort pétrifiée qu'expose le fantasme de la « bonne » personne. Parfaitement défini, prévisible, inaltérable, ce partenaire idéal nous épargne toute évolution future et nous condamne de fait à l'immobilité. Pour avoir une chance de le rencontrer, nous nous tenons dans une posture d'attente inconsciente, cherchant à lire sur les visages que nous croisons le signe annonciateur que c'est lui ou que c'est elle… avec l'angoisse de ne pas le ou la reconnaître et de laisser s'éloigner notre chance.

Chaque aventure amoureuse sera évaluée à la lumière de cet impératif anxiogène : est-ce le bon ?

Comment puis-je en être sûr(e) ? Et si un jour, par miracle, nous pensons avoir mis la main sur l'homme ou la femme de notre vie, nous rêvons de nous figer définitivement dans ce moment, avec l'idée qu'après tant de détours et de fausses routes, nous sommes enfin arrivé(e)s au port.

Cette vision mortifère qui stoppe le temps nous dédouane du coup de toute responsabilité dans la poursuite de l'aventure. Si au final l'histoire ne dure pas, cela signifie tout simplement que je me suis trompé(e) et que je ne suis pas encore tombé(e) sur le « bon » ou la « bonne ». Les ratages, les rencontres décevantes, les chagrins d'amour sont alors ramenés à un mauvais choix initial. Retour à la case départ...

Ce que ce fantasme protège, c'est un certain confort qui nous épargne la prise de risque. Pour rencontrer l'autre, il faut accepter de risquer quelque chose de soi ; accepter par exemple de remettre en question toutes les évidences qui justifient nos choix de vie, toutes les valeurs qui y président. Notre milieu familial, notre culture et notre éducation ont imprégné à notre insu nos manières de faire et de penser. Découvrir l'autre, c'est accepter qu'il puisse agir différemment, selon des principes qui ne ressemblent pas aux nôtres. Le passionnant de l'amour ne réside pas dans le fait de s'emboîter très étroitement l'un dans l'autre comme deux pièces de puzzle, sans rien changer à ce que l'on est. C'est au contraire de créer du lien entre deux êtres forcément différents, d'amorcer un mouvement hors de soi-même pour explorer ce continent inconnu. Et pour cela, il faut se cogner à la différence, dans ce qu'elle a d'intriguant, mais aussi de profondément dérangeant.

Rencontre ou casting ?

Pour partir véritablement à la rencontre de cet autre si étranger, encore faut-il ne pas s'armer d'idées toutes faites, ni sur ce qu'il semble être ni sur la personnalité et le physique qu'il doit montrer pour pouvoir nous plaire.

Cela ne signifie pas qu'il faille s'interdire ces délicieuses rêveries qui nous traversent tous sur le type d'hommes ou de femmes qui nous font craquer. Chacun caresse des préférences, un idéal, une prédilection affirmée pour certains profils... L'important consiste à ne pas s'y accrocher comme à une condition sine qua non qui bloquerait l'accès à toute autre possibilité. Sinon, les rencontres risquent fort de tourner à un impitoyable casting : trop jeune ou trop vieux, trop blond ou trop gentil, trop pauvre ou trop réservé, le candidat s'expose à ne jamais produire le CV adéquat et à être d'emblée éliminé sur sa simple apparence.

Au lieu d'empoigner le moment, on passe alors complètement à côté, à force d'examiner son partenaire, de le soupeser, de l'évaluer aussi à l'aune de cet avenir que nous serions censés partager ensemble. « Puis-je m'imaginer fonder un foyer avec lui ? Est-ce qu'il me séduit suffisamment pour me débarrasser de toute tentation, de tout accident de parcours ? »

Pendant que je me pose ces questions auxquelles aucune certitude ne peut répondre, j'oublie d'écouter mes sensations, j'abandonne toute spontanéité au profit de mon intelligence rationnelle. Or, on ne recrute pas un partenaire comme on le ferait d'un collaborateur de travail. Penser « Il n'est pas d'une originalité folle, mais ce sera un bon père » expose à ne pas écouter la voix de son désir. Derrière ce calcul si raisonnable se profile l'ombre d'un renoncement qui risque fort d'envahir assez vite la vie commune et de la rendre insupportable.

L'autre, mon futur sauveur...

Le fantasme de la « bonne » personne sécrète aussi un autre poison, tout aussi vénéneux : celui de la dépendance inconsciente dans laquelle ce rêve nous enferme puisque, sans l'autre, nous ne serions pas entiers. Nourris de cette peur de l'incomplétude, nous attendons le sauveur qui palliera nos manques et nous soulagera des fardeaux qui nous alourdissent.

Nous ne sommes pas doués pour la sociabilité ? Qu'importe, puisque l'autre le sera ! Nous rêvons de voyage lointain ? Il nous embarquera là où nous n'avons jamais osé aller seul(e)s. Il sera aussi le Pygmalion qui, grâce à son regard aimant, va nous révéler à nous-mêmes, ainsi que l'ancre qui nous permettra de ne pas nous perdre en chemin et nous assurera une stabilité à toute épreuve : pendant qu'on pourra errer, douter, faillir, vaguer à droite et à gauche, il restera ferme sur ses positions, tel un roc inébranlable et sécurisant. Tel qu'on rêverait d'être soi-même sans jamais y arriver.

Aucun partenaire, si « complémentaire » soit-il, si amoureux aussi, ne peut évidemment répondre à une attente aussi dévorante. Lorsqu'on se berce d'un tel espoir, il n'est pas inutile de s'interroger sur ce qu'il suppose chez nous de fragilité cachée. La rencontre avec l'autre ne peut véritablement avoir lieu que si nous avons au préalable un peu sondé, voire pansé nos blessures intimes. Plutôt que d'attendre l'homme ou la femme providentiel(le) qui nous sauvera de nous-mêmes, il vaut mieux commencer par se sauver soi-même. Sinon, on risque de mettre durablement sa vie entre parenthèses, en se berçant de rêves sur des lendemains meilleurs qui n'arriveront peut-être jamais. L'autre ne doit pas apparaître comme la condition de mon épanouissement. Simplement comme une possibilité parmi d'autres de ce bonheur auquel j'aspire.

Un choix qui se fait toujours au présent

Faut-il donc renoncer à cette « bonne » personne que nous rêvons tant de rencontrer ? Tout dépend du sens que l'on donne à cette expression. Si elle signifie le partenaire providentiel qui me garantira l'amour éternel et une vie plus heureuse que celle d'aujourd'hui, mieux vaut essayer de me défaire de cet idéal qui m'encombre et me paralyse. Si, en revanche, je l'entends comme la personne qui m'est bonne dans le présent, ici et maintenant, celle avec laquelle je me sens suffisamment bien aujourd'hui pour faire avec elle le pari de demain, je m'inscris dans une dynamique autrement plus féconde. Seule la certitude de se sentir épanoui dans l'instant avec son partenaire est à écouter, car celle-là seule est certitude.

L'enjeu de la rencontre s'en trouve alors considérablement allégé : lorsqu'on ne se fixe pas pour objectif de prendre une décision irrévocable, la crainte de l'échec ne nous tétanise plus avec autant de force. Ce qui importe, ce n'est pas tant de bien se choisir au départ que de s'accorder le droit de se choisir mutuellement encore et encore au fil du temps passé ensemble. Le bon choix ne cesse de se faire au présent, dans l'actualité de ce que je vis avec l'autre. Ce n'est ni un passé commun ni un futur tout tracé qui assurent une vie de couple durable. C'est la liberté renouvelée qu'on se donne à soi-même d'interroger cette vie pour ne pas se mettre un jour dans la situation de la subir.

Plutôt que de refouler nos émotions et nos doutes derrière la barrière d'un « bon » choix définitif qui nous interdirait toute remise en cause, on gagne à les reconnaître et à les laisser s'exprimer. Il faut pouvoir s'autoriser l'éventualité d'une séparation dès lors qu'une insatisfaction envahit le quotidien. Non forcément pour la mettre en acte, mais pour questionner ce qui fait tenir le couple : le crédit de la maison, les enfants, l'engagement que l'on s'est donné de vieillir ensemble, la peur de la solitude ? Ou l'envie persistante de continuer à avancer ensemble, parce que c'est lui, parce que c'est elle et que, dans le présent, on ne peut pas s'imaginer de se priver de sa présence, en dépit des crises et des tiraillements ?

Personne ne peut répondre à cette question à l'avance. Il faut prendre le risque de s'embarquer dans l'aventure amoureuse pour savoir ce qu'elle nous réserve… et découvrir au jour le jour si celui qui partage ma vie m'est toujours aussi bon.

Idée reçue n° 4

« Les hommes ont peur de s'engager, les femmes ont besoin de parler »

Deux sexes réduits à leur caricature

Parmi les lieux communs qui nourrissent notre vision de l'amour, ceux qui portent sur la différence des sexes se révèlent particulièrement prégnants.

« Tous des lâches », soupire l'une parce que le bel inconnu à qui elle a laissé son numéro de mobile tarde à l'appeler. S'il ne téléphone pas, c'est à l'évidence parce qu'il n'a pas le courage de lui dire franchement qu'elle ne l'intéresse pas. Une autre se plaindra du mutisme obstiné de son compagnon. Travers agaçant, mais inévitable... puisque c'est un homme. Quant à la sexualité débridée de ces messieurs, qui « ne pensent qu'à ça », elle apparaît comme une vérité absolue car biologique, un caractère sexuel secondaire inscrit dans les hormones mâles au même titre que la voix grave et la barbe de trois jours.

Les dames, elles, c'est bien connu, ne peuvent sacrifier à la bagatelle que lorsqu'elles sont amoureuses. D'ailleurs, elles ont par nature des besoins sexuels bien moins importants... Ce qu'elles aiment par-dessus tout, c'est com-mu-ni-quer, comme si leurs chromosomes les prédisposaient à dire les choses et à bavarder sans discontinuer.

On pourrait noircir des pages entières sur ces typologies caricaturales qui dessinent avec une précision d'entomologiste le portrait de chaque sexe, dans une relation à la fois opposée et complémentaire : les uns seraient solides, pragmatiques, avides de pouvoir, les autres douces, intuitives et dévouées. Les petits garçons se montreraient plus remuants que les petites filles. Et en amour, les hommes répugneraient à s'engager alors que les femmes ne rêveraient que de fonder un foyer.

Certains de ces clichés peuvent parfois nous faire sourire comme de vieilles lunes inoffensives et un peu ridicules. Mais la plupart d'entre eux sont admis comme des vérités établies et indiscutables qui expliqueraient à elles seules les malentendus si fréquents entre les deux sexes… oubliant au passage que les couples homosexuels ne font pas davantage l'épargne des incompréhensions ni des conflits.

Qu'est-ce qu'un homme ? Qu'est-ce qu'une femme ?

À en croire ces lieux communs, il existerait donc d'un côté une nature féminine, de l'autre une nature masculine qui programmeraient impérieusement nos manières d'agir et de penser et se répondraient dans une parfaite symétrie. Mais savons-nous de façon certaine ce qui nous fait hommes ? Ce qui nous fait femmes ? Quelles caractéristiques irréductibles nous relient à tous les autres individus du même sexe ? Et où logent ces différences que nous invoquons à tout bout de champ lorsque nous parlons du « sexe opposé » ?

La première réponse qui s'impose se situe bien sûr sur le plan physique. Nous habitons des corps sexués, visiblement dissemblables dans leur système génital, hormonal, musculaire et donc sans doute traversés de perceptions et de ressentis différents. L'un ne peut porter des enfants, l'autre si. L'un dresse son sexe vers l'extérieur, l'autre le porte en creux. Mais ces deux anatomies distinctes prédisposent-elles pour autant à un comportement propre à chacune d'entre elles ? Rien ne permet de l'affirmer. Plus les recherches scientifiques avancent, plus elles montrent au contraire que les spécificités de chaque genre obéissent à des déterminismes complexes, où l'inné tient peu de place.

Ce qui en revanche est certain, c'est que cette différence est entretenue dès le plus jeune âge. Notre éducation, la place que notre culture assigne aux hommes et aux femmes, le modèle que nous proposent nos parents, le type de sollicitations adressées à notre cerveau façonnent par imprégnation notre identité sexuée. Dans les premiers temps de sa vie, l'enfant ne sait pas qu'il est fille ou garçon. La conscience d'appartenir à un sexe ou à un autre se construit progressivement à partir des messages qui lui sont envoyés par l'extérieur et qui posent des mots sur la réalité de son ressenti corporel. Peu à peu, il va donc intérioriser les codes qui régissent le masculin et le féminin pour se conformer à ce qu'on attend de lui.

Une étrangeté magnifique… et perturbante

Dans le même temps, l'enfant fait aussi l'expérience de l'altérité. À la crèche ou au bac à sable, petites filles et petits garçons se comparent et s'examinent mutuellement avec curiosité : ils ne sont pas pareils et cette observation-là est tissée tout à la fois d'intérêt, de plaisir et d'inquiétude. Comment percer l'énigme de ce sexe que je n'ai pas ? À quelle réalité, inconnue de moi, renvoie cette identité-là ? Troublantes questions, noyées de mystère, qui excitent l'appétit et donnent l'envie d'explorer ce continent obscur. L'autre sexe attire comme un aimant, désirable et intimidant dans sa magnifique étrangeté. Mais il dérange aussi, il m'irrite d'avoir ce que je n'ai pas.

Alors, pour se protéger du danger que pourrait représenter cette altérité, pour se vacciner contre la peur de l'autre, il arrive que l'enfant se tourne vers ses pairs : les filles avec les filles, les garçons avec les garçons. À l'abri de cet « entre-soi », chaque groupe se sent plus fort et en profite parfois pour dénigrer l'autre sexe : « Les filles, elles sont bêtes », « Les garçons, ils ne pensent qu'à la bagarre ». Les comparaisons viennent appuyer cette réaction défensive. « Les filles sont meilleures à l'école », « Les garçons sont moins pleurnichards ». Chacun alors se définit en opposition à cet autre que décidément il comprend mal... en reprenant au besoin les clichés qui circulent autour de lui.

Nos réactions d'adultes ne diffèrent finalement pas beaucoup de ce noir et blanc manichéen derrière lequel s'abritent les plus jeunes. Les traits de caractère qu'en grandissant nous attribuons aux hommes et aux femmes sont à peine plus nuancés qu'à l'âge de la maternelle... et force est de constater qu'ils sont toujours ou presque exprimés sur le mode péjoratif : ce sont les prétendus défauts de chaque sexe que ces préjugés viennent pointer, beaucoup moins souvent leurs qualités.

Nous les invoquons le plus souvent dans les moments où nous rencontrons des problèmes avec l'autre. La supposée différence des sexes, et l'incompréhension mutuelle qu'elle génère, représentent un alibi en or pour expliquer ce qui ne « colle » pas entre nous. La perplexité qui nous saisit s'incarne alors dans une généralité qui explique tout : si l'Apollon de l'autre jour ne m'appelle pas, ce n'est pas parce qu'il cache une timidité de midinette, ni parce qu'il est parti en déplacement pour son travail, c'est forcément parce qu'il est lâche. Comme ils le sont tous.

Un « costume » trop serré aux entournures

Si nous brandissons avec tant de conviction ces clichés censés définir la différence entre hommes et femmes, c'est avant tout parce qu'ils nous rassurent.

Une fois encore, ils viennent flatter notre fantasme d'un monde défini, stable, connu d'avance. Un monde où chacun se voit désigner une place et un rôle bien précis. Un monde surtout qui nous absout de tout, puisque la cause de nos échecs se trouve dans cette nature masculine (ou féminine) contre laquelle on ne peut rien.

Et pourtant... Pour peu qu'on accepte d'examiner avec un peu de distance toutes les généralités qui circulent sur les hommes et les femmes, on doit vite admettre qu'elles rendent compte bien mal de la réalité. Il suffit de regarder autour de soi pour trouver immédiatement des contre-exemples frappants. Oui, sans doute, certains hommes sont lâches... mais certaines femmes le sont tout autant, même si elles le manifestent différemment ! Sur le divan du psychanalyste, des hommes se plaignent que leur compagne ne communique pas assez, des femmes s'étonnent du romantisme fleur bleue de leur grand gaillard de mari. Exceptions qui confirment la règle ? Symptômes alarmants d'un monde qui ne tourne plus très rond ? Plutôt la preuve que toute cette affaire est beaucoup plus complexe qu'on veut bien faire semblant de le croire et que les cases dans lesquelles nous aimerions ranger l'un et l'autre sexes peinent à contenir la réalité singulière de chaque individu.

Pour peu qu'on essaie de se les appliquer à soi-même, ces définitions nous paraissent encore plus réductrices. Oui, sans doute, je me reconnais bavarde, comme on dit que les femmes le sont. Mais je ne le suis pas avec tout le monde et, parfois, j'ai besoin de silence. Et si je regarde autour de moi, je me sens bien plus proche de tel ami à la virilité affirmée que de ma mère ou de ma voisine. Ce costume décidément ne tombe pas bien et me gêne aux entournures : il y a toujours un mauvais pli, un endroit qui ne parle pas de moi.

Un désir inconscient qui ignore les frontières

Car ce qui me fait homme ou femme ne se résume pas seulement à la forme de mes organes et à la représentation que je me fais de mon sexe. Cette affaire-là se tricote aussi avec un troisième élément, beaucoup plus équivoque : mon inconscient. Sans lui, toutes les femmes seraient peut-être effectivement semblables, tous les hommes seraient modelés dans un même moule. Mais l'inconscient m'inscrit d'emblée dans une histoire qui m'est propre et colore mon identité sexuelle d'une nuance qui n'appartient qu'à moi.

Ce qui fait ce que je suis, c'est avant tout le désir qui me traverse. Ce désir gambade là où mes goûts m'entraînent, mais ces derniers ne correspondent pas forcément à ceux que la société m'assigne : le désir se moque comme d'une guigne des catégories et des genres bien définis. Si, consciemment, je me sais de tel sexe, inconsciemment je suis l'ensemble des possibilités, une instance à la fois masculine et féminine, dominante et dominée. Je suis aussi tout ce que, depuis l'origine, j'ai emmagasiné d'informations impalpables sur le sujet. Avant même d'assimiler ce que mon entourage m'a enjoint de penser sur la nature des filles et des garçons, j'ai été traversé(e) par des images, par des sons et des parfums, par des mots et des sensations qui m'ont raconté le monde et m'ont parlé à leur manière des hommes et des femmes. À certaines de ces perceptions, mon inconscient a accordé plus d'importance qu'à d'autres, il les a interprétées dans un sens bien à lui et s'en est fait une histoire singulière.

L'identité sexuelle de chacun est tissée de tous ces fils entrecroisés : s'y mêlent les définitions que nous a soufflées notre éducation, les images qui ont marqué notre enfance, les sensations qui ont laissé en nous une empreinte, les modèles que nous nous sommes choisis, les mots que nous y avons associés... Et parce que l'inconscient est dynamique, ce motif est amené à bouger tout au long de l'existence : la signification que je donne à mon identité féminine ou masculine, la façon que j'aurai de la faire vivre ne cessera jamais d'évoluer à l'épreuve du temps. Comment dès lors me reconnaître dans le portrait en série que la société renvoie de mon sexe ? Et comment y retrouver l'autre, qui incarne forcément une virilité ou une féminité singulière ?

Un brouillage des repères ?

Cette singularité devrait nous inviter à nous défier des généralisations et des idées toutes faites. Y compris de ces pseudo-vérités dont notre époque est friande sur la confusion des genres et le brouillage des repères.

Selon certains, la libération de la femme aurait entraîné dans son sillage un profond malaise, en mettant à mal les identités sexuelles qui nous définissaient auparavant. Du fait de leur nouvelle indépendance, les femmes seraient devenues plus exigeantes envers leurs partenaires. Plus « masculines » aussi. Par ricochet, les hommes se seraient féminisés et, perclus de doutes sur leur virilité, agiraient comme des petits garçons perdus. Tout se passe comme s'il y avait eu inversion des genres : puisque les femmes ont adopté des codes jugés par essence « masculins », elles se sont arrogé leur pouvoir. Et le sexe dit « fort » a basculé par contrecoup dans le camp des « faibles »... À en croire les plus pessimistes, cette révolution nous laisserait insatisfaits et désorientés : « Où sont les hommes ? » s'interroge-t-on à la une des magazines. « Elles veulent tout ! » clament les slogans publicitaires. « Les mecs n'assument plus rien », soupirent des superwomen débordées qui se disent lasses de prendre tout en charge. En mettant à bas les attributs qui nous faisaient « naturellement » hommes ou femmes et qui nous inscrivaient dans un schéma bien défini, ce bouleversement aurait eu pour effet de saper les fondations du couple.

Pourtant, ces sacro-saints repères dont on pleure la disparition nous aidaient-ils auparavant à mieux vivre ensemble ? Non. Ils nous invitaient surtout à la résignation. L'incompréhension face à l'autre étant expliquée par sa nature masculine ou féminine, il ne restait d'autre choix que de s'en accommoder comme d'un mal nécessaire. Quant aux rôles de chacun, ils étaient distribués selon des règles immuables qui ne correspondaient pas toujours aux désirs profonds des uns et des autres.

Un flou angoissant…

Pourtant, même si cette idée de nature masculine ou féminine ne nous raconte pas dans notre complexité, même si elle ne résout aucun de nos problèmes avec l'autre, elle continue de nous hanter avec insistance. Nous nous y cramponnons avec une belle énergie comme à une balise dans la tempête. Un accroc survient-il dans notre belle histoire d'amour qu'aussitôt elle ressurgit, comme un réflexe de Pavlov. On maugrée alors le bon vieux refrain : « Ah ! les bonnes femmes… » ou « Ces mecs, ils sont décidément tous pareils ! » Elle dicte notre comportement, que nous essayons de rendre conforme aux lois de notre sexe : « Je ne pleurerai pas. Un homme ne montre pas ses sentiments. » Elle oriente nos choix, même s'ils ne répondent pas toujours à notre désir.

Car sans une identité sexuée clairement définie, nous avons l'impression de basculer dans un flou angoissant. Comment savoir qui nous sommes, si la féminité peut à la fois recouvrir de la violence et de la douceur, si la masculinité s'habille autant de fragilité que de force brute ? Sur quelles bases asseoir nos relations, nos échanges et nos conflits ? Cette perspective-là, tellement vertigineuse, nous prive d'un code de la route établi une bonne fois pour toutes, qui régirait la façon d'être avec l'autre. Elle nous fait craindre le chaos. Nous préférons endosser le costume d'une féminité ou d'une masculinité standard, même s'il ne nous ressemble pas, plutôt que d'avancer nus vers un autre dont on ne sait rien. Ces panoplies toutes faites nous soulagent de nos incertitudes, de nos doutes, de nos questionnements. Mais elles ne nous sont d'aucune aide pour rencontrer l'autre dans son irréductible singularité.

... mais préférable aux certitudes

Pour s'exposer à la surprise d'une rencontre amoureuse, on gagnerait au contraire à oublier les définitions trop précises de ce qu'est un homme, de la façon dont fonctionne une femme, des rôles que chacun est tenu de remplir. Ce doute salvateur vaccine contre la tentation d'analyser les moindres faits et gestes de celle ou de celui qui nous intéresse à travers le prisme du sexe auquel il appartient. Comme tous les préjugés, celui-là risque fort de faire écran à la réalité, en décidant à l'avance de ce que l'autre doit être et de ce que moi-même, je suis tenu(e) de faire, au nom de ces identités sexuelles qui nous détermineraient sans rémission. Toute notre histoire sera alors interprétée et vécue selon une grille de lecture stéréotypée qui ne connaîtra rien de nous, qui ne parlera ni de nos parcours ni de nos caractères, et qui éludera d'emblée toutes les questions sur la difficulté d'accueillir la différence.

Bien sûr, il n'est pas évident de se départir, par la seule force de sa volonté, de toutes les images qu'on a associées aux hommes et aux femmes au fil du temps et de son expérience. Mais savoir que ces représentations ne recouvrent pas forcément la réalité peut permettre de ne pas les laisser parasiter complètement la rencontre. Face au mutisme de celui qui me fait face, je peux choisir de mettre en doute la réponse toute faite qui me vient d'abord à l'esprit : si cet homme se tait, est-ce tout simplement parce que c'est un homme ? Ou est-ce parce qu'il a été élevé dans le principe qu'il vaut toujours mieux rester discret ? À moins au contraire qu'il n'ait grandi dans une famille où il ne parvenait pas à se faire entendre... ou qu'il soit timide, tout simplement ?

Cette incertitude m'ouvre à la vérité de l'autre plus sûrement que les convictions trop assises et rend l'aventure d'aimer diablement plus intéressante. Lorsqu'on parvient à ne pas confondre les codes que la société nous impose avec la réalité intime de chaque individu, la différence devient une contrée à explorer, non plus un mur infranchissable contre lequel on est condamné à se cogner.

Oui, hommes et femmes sont différents sans doute, mais personne ne peut dire exactement où se situe cette différence, aucun individu n'en a la pleine conscience ni la juste représentation. C'est à chacun d'entre nous d'inventer notre façon d'être un homme ou une femme et d'oser la vie qui va avec...

Idée reçue n° 5

« L'amour obéit à des lois universelles »

L'amour, ce grand mystère

Hommes ou femmes, jeunes ou vieux, nous butons tous obstinément sur une énigme qui chavire notre existence sans que nous y comprenions grand-chose. Comment ça marche, l'amour ? Qu'est-ce qui fait qu'on se découvre épris d'une personne et pas d'une autre ? Pourquoi celui qui me bouleversait hier ne m'inspire-t-il plus aujourd'hui autant de ferveur ? À quoi attribuer mes élans et mes dérobades, ces fluctuations du sentiment qui me ballottent aveuglément d'un état à un autre ? Même l'expérience ne nous apprend rien là-dessus.

Car lorsque l'amour s'invite dans notre vie, quel que soit notre âge, il bouscule allègrement tous nos repères et nous empêche d'avoir une claire représentation de ce qui nous traverse. L'observe-t-on de l'extérieur, le mystère demeure entier. Certes, cette place de témoin rend plus clairvoyant pour décoder chez l'autre les rougeurs ou les silences, un rire trop haut perché ou la fébrilité d'une main qui pianote sur la table, toutes ces manifestations physiques qui signent l'irruption du sentiment amoureux. Mais ce qui se trouve à l'origine d'un tel émoi nous reste désespérément opaque. Pourquoi le cœur de mon ami d'enfance, pourtant si exigeant, palpite-t-il devant une fille qui me paraît quelconque ? Quelle secrète alchimie rapproche ces deux-là que pourtant tout oppose ? Autant de questions auxquelles nous aimerions donner une réponse simple et univoque.

C'est que face à l'imprévisible et à l'inexpliqué, nous nous sentons vulnérables. Ce mystère-là met en échec notre intelligence, il nous dépossède de notre statut d'êtres pensants et raisonnables, capables de maîtriser le monde par la seule force de l'esprit. Accepter de ne rien comprendre à l'amour implique de renoncer à cette toute-puissance. Un renoncement pas si facile à mettre en œuvre…

Des pseudo-lois pour organiser le chaos

Alors, pour nous donner l'illusion de dompter une histoire qui nous dépasse, nous n'avons de cesse de chercher des lois générales censées, sinon expliquer, du moins décrire ce qui va infailliblement se passer.

C'est ainsi que se colportent des idées couramment admises sur la durée prévisible de l'amour : par exemple, on répète à l'envi que tous les couples traversent une crise au bout de sept ans de vie commune. Cet axiome mathématique, surgi d'une supposée science populaire, ne repose sur aucun argument sérieux, mais il a la vertu insigne de nous rassurer sur la normalité de ce que nous vivons. La flamme des débuts faiblit ? Logique, puisque nous approchons des sept ans fatidiques ! Et si cette fameuse crise ne survient pas exactement à la date prévue, on invoquera avec tout autant de conviction celle de la trentaine, de la quarantaine, de la ménopause ou du démon de midi…

À ces théorèmes du sens commun, cousins des dictons météorologiques et des proverbes de grand-mère, s'ajoutent les certitudes de ceux qui ont déjà tout vu, tout lu, tout vécu sur l'amour. Ceux-là croient pouvoir tirer de leur expérience personnelle des aphorismes définitifs et souvent désabusés sur un sentiment dont ils clament avoir fait le tour. « L'amour est une escroquerie, une invention des poètes pour travestir un vulgaire instinct de reproduction. Il n'y a pas à chercher plus loin. » Ou bien : « Au bout d'un mois, une aventure amoureuse devient fade et n'est plus digne d'être vécue. » Ces esprits forts se pensent plus lucides que les autres, affranchis des billevesées romantiques qui aveuglent, selon eux, la plupart des amoureux. Leur intelligence, pensent-ils, les préserve d'égarements aussi futiles que ridicules. Sans doute ces pseudo-vérités fatalistes valent-elles à leurs yeux toujours mieux que l'aveu de leur propre ignorance.

Quand la science s'en mêle

Dans cette quête d'un savoir incontestable qui viendrait colmater le trou noir du mystère amoureux, la science jouit d'un crédit encore plus affirmé, du fait de la rigueur qui la caractérise.

Les progrès technologiques de ces dernières années, qui ont permis d'entrer plus avant dans la compréhension du corps humain, sont régulièrement appelés en renfort pour tenter de mettre en équation les intermittences du cœur. L'imagerie médicale est capable de pointer les zones du cerveau qui s'activent lorsque nous rêvons ou que nous éprouvons un orgasme. La biologie moléculaire se targue d'avoir identifié les processus chimiques qui entrent en jeu lorsque nous tombons amoureux. C'est ainsi que des chercheurs ont pu détailler le mécanisme biologique du coup de foudre, postuler que nous choisissons notre partenaire en fonction de son patrimoine génétique, le plus complémentaire possible du nôtre pour assurer à notre progéniture de meilleures chances de survie, ou encore affirmer que l'amour, le vrai, ne dure pas plus de trois ans[1] : le temps nécessaire, pour les mammifères que nous sommes, d'élever à deux un enfant. Ensuite ? Ensuite la nature, bonne fille, nous laisse une seconde chance en fournissant une « aide biologique à la durée » via l'ocytocine, une merveilleuse hormone productrice de bien-être, qui se libère dans notre organisme quand notre partenaire nous embrasse ou nous prend tendrement dans ses bras. La tendance au désamour serait donc un mouvement naturel, que seuls pourraient combattre les

1. Lucy Vincent, *Où est passé l'amour ?*, Odile Jacob, 2007.

dîners aux chandelles et un dialogue permanent au sein du couple.

Selon ces théories, les mouvements du cœur sont assimilés à une machinerie infaillible, à laquelle nul ne peut prétendre se soustraire. Ainsi sommes-nous et rien n'y peut changer.

Des théories qui touchent leurs limites

Si ces théories scientifiques rencontrent un tel écho, c'est parce qu'elles s'appuient sur des données mesurables, quantifiables, donc supposées objectives. De ce fait, elles ont l'autorité de la preuve, dans un domaine où les certitudes se dérobent obstinément. Et cet écho est d'autant plus grand que nous y reconnaissons toujours une part de ce que nous vivons. Oui, sans doute, l'amour s'en va et s'en vient, nos élans parfois s'essoufflent, le désir joue souvent à cache-cache sans que nous comprenions bien la règle de son jeu. Mais ramener ces variations du sentiment à un rythme obligé, inhérent à l'espèce, fait l'impasse sur tout ce qui nous fait uniques et différents.

Vu sous cet angle, l'inconscient est ramené à un pur instinct, commun à tous. Mais si, vraiment, nous n'aimons que pour répondre à un besoin de reproduction, comment expliquer que certains couples très amoureux ne souhaitent pas avoir d'enfants ? Que d'autres n'y parviennent pas alors qu'aucune cause fonctionnelle de stérilité n'a été diagnostiquée ? Bien sûr, nous sommes habités d'un instinct de vie, mais selon l'histoire de chacun, il ne s'exprime pas de la même façon et ne nous conduit pas tous sur les mêmes chemins. Et s'il est vrai que nos sentiments ne restent pas étales et qu'ils suivent des mouvements de flux et de reflux, ces marées erratiques obéissent davantage à nos pulsions internes qu'à un calendrier hormonal commun à tous.

Plus qu'une fatalité biologique, c'est notre fantasme de rester toujours pareils qui nous cloue sur place et nous condamne à voir mourir notre amour.

Pourquoi celui-là et pas un autre ?

Surtout, ces études scientifiques, si rigoureusement menées soient-elles, limitent forcément le champ de leurs investigations en se focalisant sur l'après-coup. Toutes leurs observations reposent sur ce qui a déjà eu lieu. Mais elles ne peuvent par définition étudier ce qui n'est pas advenu.

Quelles que soient nos dispositions chimiques, neurologiques, hormonales pour rencontrer un partenaire qui nous convient, quel élément décisif a fait que nous nous soyons révélés disponibles à ce moment-là ? Comment être sûrs que nous n'avons pas dédaigné un mois auparavant un profil tout aussi compatible sur le plan biologique ? La science ne connaît que l'option que nous avons prise, pas la multitude de possibilités qui nous étaient offertes. Et elle reste muette sur ce qui a déclenché l'élan amoureux : est-ce seulement parce qu'il dégageait des phéromones en accord avec les miens que cet homme m'a plu ? Ou est-ce aussi parce que son prénom faisait écho dans mon inconscient à un lumineux souvenir d'enfance ? Ou est-ce encore parce que j'ai aimé entendre son rire, si clair, si frais, et rêvé de l'entendre encore ? Sans doute suis-je tombée amoureuse pour toutes ces raisons à la fois, et bien d'autres encore, qui se sont combinées sans que j'en aie la lecture. Et de cette combinaison-là, la science ne peut pas savoir grand-chose.

Dès lors, on est en droit de se demander ce que nous apprennent réellement ces révélations irréfutables. Certes, elles mettent en lumière des phénomènes biologiques jusqu'alors restés dans l'ombre. Mais en quoi parlent-elles de nous, de nos doutes et de nos déchirements, en quoi expliquent-elles nos extases et nos échecs ? Savoir que l'amour se traduit par des réactions chimiques ne nous fait guère avancer sur le pourquoi de son apparition et de sa disparition. En même temps qu'elles éclairent certaines zones inexplorées, elles ouvrent au bout du compte sur de nouveaux gouffres d'ignorance.

Un corps, un esprit… et un inconscient

Plutôt que de chercher à s'armer d'un savoir définitif sur l'amour, mieux vaudrait admettre l'idée qu'à ce sujet, rien ne peut être prédit à l'avance. Aucune science ni aucune expérience ne nous renseignent sur ce qui adviendra de ce regard échangé au détour d'un dîner, de cette histoire qui balbutie, de ce couple apparemment si mal assorti.

Le surgissement de l'amour, le choix de l'être aimé, le déroulement d'une rencontre échappent à des explications purement rationnelles. L'aventure amoureuse ne relève pas d'un phénomène explicable commun à tous, mais d'un mouvement propre à chacun, propre aussi à la rencontre entre soi et l'autre. Lorsqu'elle s'invite dans notre vie, elle implique évidemment la part consciente de nous-mêmes, elle nous inspire des pensées et des inquiétudes, des calculs et des stratégies. Elle s'inscrit aussi dans notre réalité physique, dans nos hormones et notre système nerveux. Mais nous ne sommes pas que la conjonction d'un corps et d'un esprit. Nous sommes aussi traversés par un inconscient, qui circule sans cesse en nous sans que nous en ayons la maîtrise. C'est lui qui prend la part la plus active dans le jaillissement de l'amour et dans la façon que nous aurons de l'accueillir, lui qui déjoue nos prévisions et nos attentes, lui qui nous dicte des actes dont nous nous serions crus incapables.

Cet inconscient-là n'est pas, comme certains l'imaginent, une part obscure et statique de nous-mêmes, qu'il suffirait de mettre au jour pour comprendre tout ce qui nous arrive et réussir à reprendre en main le cours des événements. Il est avant tout dynamique, une eau vive qui nous pousse toujours vers l'avant. Face à lui, la volonté n'a que peu de poids : empêché de s'exprimer, il ressurgira ailleurs, autrement. Souvent énigmatique, tant sa logique diffère de nos intentions conscientes…

L'amour se joue des statistiques

S'ouvrir à l'amour, c'est donc d'abord admettre qu'il n'existe pas de loi universelle ni de schéma préétabli, mais des histoires différentes à chaque fois. Que ce qui est vrai pour un autre ne le sera pas nécessairement pour moi… sauf si je m'emploie à m'en persuader moi-même. Il n'existe aucune fatalité propre à l'amour.

Même les statistiques les plus sérieuses ne peuvent avoir valeur de prédestination. Oui, sans doute, si l'on en croit les études sociologiques, une femme divorcée a moins de chances de refaire sa vie que son ex-compagnon. Mais il s'agit d'une tendance sociétale, pas d'une loi absolue. Oui, les goûts des hommes les portent plus volontiers vers des partenaires qui leur sont socialement inférieures, par le diplôme ou le salaire. Les chiffres sont formels… sauf que tout le monde connaît forcément dans son entourage de nombreux et magnifiques contre-exemples : les plus faibles pourcentages ne recouvrent pas moins de réalité que les tendances majoritaires. Les statistiques livrent la photographie d'un groupe humain à un moment précis, mais ne parlent pas de l'histoire de chacun, dans ce qu'il a d'unique et de singulier.

Dès lors, sans doute serait-il profitable de s'interroger sur cette résignation qui nous saisit parfois à la lecture de toutes ces vérités générales : « Puisque le monde tourne ainsi, ce n'est pas la peine que j'essaie de trouver un homme. Je n'intéresserai personne puisque je suis divorcée et que j'ai un bac +5. » Ou bien : « À quoi bon chercher l'amour puisque, c'est scientifiquement prouvé, ça ne dure jamais plus de trois ans ? » Derrière ce fatalisme chagrin se claquemure souvent notre peur d'aimer. Et les vérités scientifiques que nous invoquons sans cesse nous protègent surtout de notre ambivalence : et si c'était moi qui n'étais pas si prête que je le pense à refaire ma vie, à oser la rencontre, à foncer vers l'inconnu ?

Tout le défi de la quête amoureuse consiste peut-être à transformer le fataliste « c'est comme ça que ça marche » en « voilà ce que je veux ». Un défi qui réclame de l'audace mais nous libère du même coup de bien des entraves...

Une autre intelligence : celle du cœur

Car, contrairement aux apparences, les lois « objectives » que nous invoquons pour expliquer l'amour relèvent moins de la réalité que de l'imaginaire. Certes, elles s'appuient sur des données observables, quantifiables parfois, mais le sens que nous leur donnons nous en apprend beaucoup plus sur nos angoisses et nos failles que sur le fonctionnement de l'amour.

Ces angoisses pourraient se résumer en un credo : plutôt la fatalité que le risque ! Dans le pire des cas, cette supposée connaissance des choses de l'amour peut nous conduire à nous enferrer nous-mêmes dans un scénario déjà écrit sous prétexte que cela doit nécessairement se passer ainsi. Si l'on reste cramponné à l'idée (scientifiquement prouvée !) que la « loi » des trois ans sonnera un jour le glas de l'amour qui naît, on aura tendance à guetter la catastrophe et à interpréter chaque incompréhension dans le couple comme la preuve que le processus est en marche. Un processus dans lequel, bien sûr, on n'aura aucune responsabilité puisqu'il s'agit d'une fatalité commune au genre humain.

Sans aller jusqu'à de tels extrêmes, la croyance en des lois universelles et intangibles nous berce de l'illusion de maîtriser notre vie : puisqu'on sait comment ça marche, on ne se laissera pas abuser par de faux-semblants, on mettra des mots et des explications sur un phénomène somme toute banal, on comprendra ce qui nous arrive...

Heureusement la réalité vient souvent démentir avec malice cette science si sûre d'elle-même. Car chaque aventure amoureuse est une première fois qui fait de nous un débutant forcément maladroit, même si nous affichons au compteur soixante-dix printemps et une vie sentimentale bien remplie. Cette réalité-là n'entre dans aucune statistique ni aucune loi générale, n'obéit à aucun théorème ni aucune martingale. Elle se déploie au présent, unique et imprévisible. Dans cette affaire, l'intelligence rationnelle ne peut rien pour nous... Ce qui ne veut pas dire que l'amour nous rend complètement idiots. Il nous renvoie juste à une autre forme d'intelligence, qui ne repose ni sur le savoir, ni sur le raisonnement, ni sur le discernement. On pourrait l'appeler l'intelligence de la vie : une intelligence où l'on n'est plus sûr de grand-chose, une intelligence qui laisse de la place à la curiosité de l'autre et à l'exploration de l'inconnu. Sans dictionnaire ni mode d'emploi.

DEUXIÈME PARTIE

L'épreuve

Les idées reçues et les préjugés sur l'amour ne sont pas les seuls freins qui nous empêchent de consentir à la rencontre. S'y greffent aussi souvent nos tourments intérieurs et nos fragilités cachées. Le passé de chacun, ses failles et ses manques, ses blessures et ses névroses, tout ce qu'il y a de plus intime en lui, tout ce qui fait de lui un être complexe mû par un inconscient vont être convoqués dans la rencontre amoureuse. Le désir, pour s'exprimer, va devoir lutter contre des résistances plus ou moins fortes qui cherchent à l'étouffer. Cela explique que nous arrivions quelquefois à faire échouer avec une belle constance ce que pourtant nous aimerions tant consciemment voir réussir.

Analyser nos échecs revient d'abord à comprendre ce que défendent avec tant de vigueur les barrières que nous opposons à l'amour. Cet âpre combat, qui se joue de soi à soi, parle toujours de nos peurs enfouies. Pour s'ouvrir à l'amour, il faudra quelquefois les déloger de leur tanière pour mieux les rencontrer…

Je voudrais qu'on m'aime !

Une supplique silencieuse et obsédante

Lorsque la vie nous refuse le plaisir d'être deux, lorsqu'on bataille avec la solitude, le lit trop froid et les nuits sans tendresse, une phrase résonne en nous comme un cri silencieux : Je voudrais qu'on m'aime ; je voudrais ces caresses et ces regards, ces paroles tendres et ces baisers, cette écoute attentive et ces encouragements qui me disent que je compte aux yeux de l'autre, qui me soufflent que je suis vivant(e). Parfois obsédante, cette demande n'a au fond rien que de très humain.

De l'enfant qui vient de naître au vieillard au seuil de la mort, elle court tout au long de la vie comme une supplique secrète. Qui ne la reprendrait à son compte, tant elle fait écho à cette partie de nous qui réclame d'être reconnue ? Oui, nous aimons être aimés, par nos parents, nos amis, nos enfants, notre conjoint, parce que les marques d'intérêt qu'ils nous témoignent nous font du bien et nous tranquillisent, en haussant la valeur que nous nous accordons à nous-mêmes. Elles chassent pour un temps le doute qui creuse en nous des abîmes d'angoisse : suis-je digne d'être aimé ? Personne ne fait tout à fait l'économie de cette question, si bien entouré soit-il. Inquiétude sans grande conséquence... pourvu qu'elle n'occupe pas toute la place.

Il arrive en effet que la demande d'amour dépasse la simple et légitime envie de se sentir apprécié, pour se poser en exigence absolue. La rencontre apparaît alors comme cet enjeu vital qui seul permettra de nous conférer la valeur, la consistance, le prix que nous échouons à nous donner nous-mêmes. Elle sera le sésame capable d'ouvrir la caverne qui se cache en nous, pleine de trésors inexploités. Parce que nous ne nous aimons pas nous-mêmes, nous attendons de l'autre qu'il nous rassure et qu'il nous révèle. « Je me sentirai mieux quand j'aurai enfin trouvé la personne qui saura me chérir tel(le) que je suis », se persuade-t-on de toute bonne foi. Mais en devenant la condition préalable de notre abandon, cette exigence fait obstacle à cela même qu'elle réclame.

Des preuves, toujours des preuves...

Car une telle demande exclut d'emblée l'autre de la rencontre. En lui assignant une mission très précise, elle rend tout échange impossible. Quand on attend que l'amour nous guérisse de nos blessures et vienne nous révéler à nous-mêmes, on s'enroule dans une spirale égocentrique qui ne laisse d'autre place à son partenaire que celle qu'on lui concède : celle de faire-valoir.

C'est tout le paradoxe d'un narcissisme défaillant : plus on manque de confiance en soi, plus on se trouve nul(le), plus on en souffre, et plus on place son moi au centre de tout. Le partenaire n'est pas convoqué dans sa dimension d'altérité, mais fait office de miroir, censé refléter un portrait suffisamment flatteur de soi-même pour évacuer les doutes et les angoisses. Et si l'image renvoyée n'est pas satisfaisante (ce qui ne manque jamais d'arriver un jour ou l'autre), il ne reste qu'à le briser comme la malfaisante reine de Blanche-Neige, ulcérée de ne pas être reconnue comme la plus belle. La moindre critique atteint la personne tout entière, qui se pense rejetée d'un seul bloc et fait porter sur l'autre la responsabilité de son mal-être. La susceptibilité court à fleur de peau, la paranoïa n'est jamais loin.

Ce qu'on exige dans un tel cas n'est pas seulement d'être aimé, c'est d'être assuré d'un attachement inconditionnel, qui ne souffre aucune réserve. Dans cette perspective, il n'est pas question d'être dérangé de quelque façon que ce soit par son partenaire. C'est à lui de venir nous trouver là où nous pensons être, à lui de nous deviner et de nous comprendre. Cloîtré dans une position défensive, on s'évertue à récolter des preuves qui attesteront l'autre comme aimant et sincère ou qui au contraire témoigneront de sa duplicité. Le geste le plus infime, la moindre parole sont examinés à la loupe pour tenter d'y déceler des intentions cachées. « Pourquoi me dit-il aujourd'hui que je suis belle ? Peut-être a-t-il quelque chose à se faire pardonner... », « Comment n'a-t-elle pas compris combien il était important pour moi qu'elle m'accompagne à ce dîner ? Si elle m'aimait vraiment, elle ne se montrerait pas si égoïste ! »

Ainsi testé sous toutes les coutures, le conjoint en arrive fatalement à décevoir les attentes qu'on a placées en lui.

Quand la vanité prime le désir

À force de ne s'attacher qu'aux preuves, il arrive aussi qu'elles nous conduisent à nous mentir à nous-mêmes. Si on ne se pense pas aimable, on accueille d'autant plus volontiers toutes les marques réconfortantes du contraire, d'où qu'elles viennent. Il est tentant de céder à des avances qui nous valorisent à nos propres yeux, même si au fond de nous nous n'éprouvons pas de réelle attirance pour celui qui nous les fait. Notre vanité se gargarise de l'image qui nous est renvoyée : ainsi donc, je suis cette personne spirituelle et désirable qu'il courtise avec tant de flamme ? Il est alors facile de se convaincre qu'on est séduit(e) par ce soupirant qui nous offre sur un plateau l'amour de nous-mêmes.

Mais le risque est grand d'en oublier son propre désir et de confondre une satisfaction narcissique avec l'élan dynamique de l'amour. Est-ce que je suis attirée par cet homme pour le mystère qu'il représente, pour ces prunelles au reflet châtaigne qui me troublent tant, pour son humour insolite ? M'inspire-t-il l'envie irrépressible d'explorer ses trésors cachés ? Ou ne présente-t-il tant d'attraits à mes yeux que parce qu'il me rassure sur ma capacité de séduction ?

Il s'avère parfois malaisé de faire la part des choses. Car notre tiédeur et notre manque de motivation peuvent être évacués au profit de la jouissance que nous ressentons à être demandés. Nous préférons alors faire l'impasse sur ce que nous voulons vraiment plutôt que de renoncer à ce plaisir-là. L'autre nous en promet tellement qu'il nous semblerait dommage de ne pas en profiter.

Mais à taire cette voix en nous qui chuchote son peu d'enthousiasme, on s'expose à l'entendre un jour crier son insatisfaction.

On n'est jamais assez aimé

Ce qui se dessine en filigrane derrière cette attente éperdue, c'est le fantasme d'un amour tellement puissant qu'il nous procurerait un sentiment de plénitude, comparable à la supposée fusion du bébé avec sa mère. Or cette plénitude relève du pur imaginaire. Quels que soient son âge, son sexe et son histoire personnelle, on n'est jamais assez aimé.

Certes, nous avons besoin d'un minimum sans lequel nous ne pourrions vivre. Ce minimum n'est au fond pas énorme : un regard attentif, une parole qui nous nomme, voilà l'essentiel pour que le sujet prenne corps et ne sombre pas dans la folie. Même si c'est loin d'être assez pour assurer une personnalité équilibrée, pour donner accès au plaisir et à la gourmandise, cela suffit pour survivre. Mais justement, parce que cela est bien peu, nous voulons plus. Toujours plus. Le besoin alors fait place à la demande, et cette demande-là n'obtient jamais de réponse satisfaisante. Aucune relation, si tendre, si attentionnée soit-elle, ne peut la tarir.

Dès le début de sa vie, le nourrisson fait l'expérience que sa mère ne le comble pas comme il le voudrait. Elle apaise sa faim, enveloppe sa peau d'une douce étreinte qui le contient tout entier mais elle doit aussi forcément, à un moment ou à un autre, rompre le contact charnel qui unit leurs deux corps, refuser le sein ou le biberon que revendique sa bouche. Elle a répondu à ses besoins, en lait, en paroles et en caresses, mais elle ne peut éteindre l'appel insatiable du plaisir. Nécessairement insuffisante, elle lui ouvre du même coup un nouvel horizon.

Une irréductible solitude

Car cette découverte, si frustrante soit-elle pour le tout-petit, représente un formidable tremplin pour grandir. En le conduisant peu à peu à se percevoir distinct de sa mère, elle l'aide à devenir autonome et à se tourner vers l'extérieur. De l'écart entre sa demande et la réponse reçue va naître un désir toujours renouvelé. Son appétit se porte alors ailleurs, multiple, avide et infini. Quand la parole lui vient, il interroge inlassablement le monde, à coup de pourquoi : pourquoi le ciel est bleu, pourquoi on meurt, pourquoi tu m'aimes ? Les réponses qu'il reçoit en retour ne font que l'entraîner toujours plus loin, vers d'autres questions auxquelles il n'existe pas de réponse absolue.

Âpre destin de l'espèce humaine, condamnée à remplir un tonneau des Danaïdes sans jamais trouver le repos ? Oui, mais c'est aussi la condition même de notre autonomie. Si quelque chose parvenait à nous combler entièrement, cela signifierait que nous n'existons pas par nous-mêmes, que nous ne sommes rien en dehors de l'autre qui nous nourrit. Sans cette partie de nous que nul ne peut atteindre ni remplir, sans cet espace intime auquel nous ne savons donner de nom, nous serions des êtres privés d'identité et dépourvus de désir.

Que nous le voulions ou non, la vie nous renvoie donc à une irréductible solitude. Cette solitude-là ne doit pas être confondue avec de l'isolement : elle ne nous empêche pas de nouer des relations épanouies avec les autres, de multiplier les amis et les amours, ni de fonder une famille. Elle est simplement le gage de notre singularité et d'un désir qui nous est propre.

Ce qui nous définit vraiment : le « je » du désir

Mais pour réussir à apprivoiser cette réalité et la regarder en face, encore faut-il se sentir suffisamment bien avec soi-même. Sinon, on attendra de l'autre qu'il prenne en charge cette solitude foncière qui nous épouvante.

C'est souvent le sens de la demande d'amour quand elle occupe toutes nos pensées et qu'elle s'impose comme la condition de notre épanouissement. Elle recouvre alors une vraie difficulté à se constituer comme une personne autonome, à exister comme sujet… même si ce n'est pas l'impression que nous en avons consciemment. Nous pensons être sujets en nous blindant derrière une image très définie de nous-mêmes : je suis cet individu déterminé par son histoire, son sexe et son tempérament, je suis cette personne qui aime les voyages et le cinéma, les hommes franchement virils et les dîners aux chandelles… C'est ce moi très consistant qui garantit à mes yeux ma place dans le monde et mon identité. Mais précisément parce qu'il ne s'agit que d'une image, ce moi-là est infiniment vulnérable. Tout le menace et le met en danger, un rien peut anéantir son intégrité. Quelqu'un exprime-t-il un désaccord avec mes idées ou mes choix qu'aussitôt je me sens agressé et je sors mes griffes, au risque sinon de m'effondrer. L'écart entre l'autre et moi m'est insupportable parce qu'il me donne l'impression d'être nié dans ce que je pense être.

Or, ce qui nous définit vraiment comme sujet, ce n'est pas ce moi compact et défini, c'est le « je » dynamique du désir. Ce « je »-là ne se pense pas : il ne sait pas forcément qui il est, il ne se pose pas la question de sa valeur, il ne comprend pas toujours pourquoi il veut, mais il va de l'avant et ne compte pas sur l'amour de l'autre pour exister. Lui seul peut sauver le couple de nos attentes sans fond, de ces demandes en miroir qui empoisonnent les relations amoureuses.

Notre passé : une histoire d'interprétation

Pouvoir affirmer ce « je » du sujet désirant implique parfois de se pencher au préalable sur les blessures narcissiques qui lui bloquent la route. Sans doute vaut-il la peine de s'interroger sur les raisons d'une telle fragilité. Pourquoi a-t-on tellement besoin d'être rassuré sur sa capacité à inspirer l'amour ? Pourquoi ne se sent-on pas suffisamment sûr de soi pour se tenir à l'aplomb de ses choix ?

Les réponses qui s'imposent d'emblée renvoient presque toujours à l'enfance et aux manques qu'elle a engendrés. « C'est parce que ma mère ne m'a jamais aimé », « parce que mon père me préférait ma sœur », ou encore « parce que je me suis senti abandonné », argue-t-on pour expliquer ses failles.

Mais s'arrêter à un tel constat ne résout rien des problèmes avec lesquels on se débat. Oui, sans doute, il convient de se retourner vers son enfance si on veut comprendre le pourquoi de ses blessures : ce sont avant tout les soins et la nourriture affective reçus par le bébé qui lui permettent d'élaborer une image de lui-même et d'asseoir cette estime de soi si précieuse dans sa vie future. Pourtant ce passé ne conditionne pas de manière mécanique le destin de chacun. Certains exemples montrent que des personnes ayant grandi dans la misère affective peuvent tirer de cette expérience une force inouïe et un solide appétit de vivre. D'autres à l'inverse, issus d'une famille aimante, passent leur vie à quêter l'approbation d'autrui sans jamais réussir à se sentir estimables.

C'est moins notre histoire familiale qui dicte nos comportements d'adultes que l'interprétation que nous en avons tirée. Tout ce que nous tenons pour établi relève avant tout de notre subjectivité. Si je suis convaincu(e) que ma mère ne m'a pas aimé(e), c'est parce que je l'ai vécu ainsi. J'ai lu à ma manière certains gestes ou certains mots, je les ai traduits en sentiments. Mais suis-je si sûr de l'absence de cet amour ? Peut-être m'a-t-elle aimé(e) à sa manière, peut-être ai-je mal compris ses tentatives maladroites pour me témoigner son attachement. Rien ne peut nous assurer que notre version des faits soit la seule et unique vérité.

Quitter le statut de victime

À regarder dans le rétroviseur, il est donc toujours préférable de questionner les certitudes qui habitent nos souvenirs. L'histoire objective et irréfutable à la lumière de laquelle nous nous sommes regardés devient alors une matière plus mouvante et indécise, à partir de quoi nous pouvons reconsidérer le sens de ce que nous avons vécu. Admettre que la façon dont nous avons perçu les événements ne recouvre pas l'entière réalité permet d'ouvrir une fenêtre là où, auparavant, s'élevait un mur aveugle sur lequel se cognait notre mal-être.

Ce doute salutaire ne revient pas pour autant à nier la souffrance qui fut la nôtre ni la sincérité de nos sentiments. Mais l'objet de cette souffrance n'apparaît plus aussi défini. Du coup, nous pouvons nous décoller du rôle de victime auquel nous nous étions cantonnés. Un changement libérateur, tant cette position nous condamne à l'immobilisme.

Car si on se voit comme le jouet innocent et irresponsable de la vie qui nous est échue, il ne reste plus d'autre issue que de la supporter, avec dans le cœur un profond sentiment d'injustice. La demande qu'on adresse aux autres peut alors glisser très vite vers une revendication chargée d'agressivité : moi aussi, j'ai droit à l'amour, j'en ai assez bavé comme cela. Les difficultés traversées apparaissent comme des épreuves au sens chrétien du terme : puisqu'on les a endurées, on mérite aujourd'hui récompense. Après l'enfer du manque d'amour, le paradis nous est dû, comme un dédommagement de tous les préjudices subis.

Espérance illusoire : ceux qui croisent notre route ne connaissent rien de notre histoire et n'ont évidemment aucun compte à nous rendre.

Acteur de sa propre vie

Mais surtout, ce statut autoproclamé de victime nous voue à l'échec amoureux. Non à cause d'irréparables malheurs qui auraient définitivement scellé notre destin, mais parce que nous nous en servons comme alibi pour ne rien risquer de nous.

Le fait d'attribuer à notre passé tous les maux qui nous affligent nous épargne la prise en charge de notre vie. Si je ne suis pour rien dans ce qui m'est arrivé, si l'histoire que je me suis tricotée dans la tête est la seule possible, je reste enchaîné(e) à un schéma qui me fait souffrir, mais je me dédouane en même temps de tout ce qui pourrait changer dans ma vie et que je me refuse à tenter. Un bénéfice secondaire dont je n'ai évidemment pas conscience, tant le manque d'amour me semble douloureux. Mais un bénéfice tout de même, qui m'assure d'un certain confort psychique.

Revisiter son passé devrait donc servir non à trouver des explications irréfutables à son malaise, mais à se réapproprier cette histoire douloureuse en y introduisant sa part de responsabilité. Ce n'est sans doute pas uniquement de la faute de mes parents si je manque à ce point de confiance en moi. Ce n'est sans doute pas une fatalité si mes tentatives amoureuses se soldent par des échecs. C'est peut-être le seul moyen que j'ai trouvé pour ne pas quitter une place que je m'étais inconsciemment assignée.

Lorsqu'un individu réussit ainsi à se penser comme acteur de sa propre vie, parfois au terme d'une psychanalyse, les perspectives s'inversent. Plutôt que de ressasser un plaintif « je voudrais être aimé », il devient capable d'affirmer « j'ai envie de rencontrer quelqu'un ». Parler à la voix active plutôt qu'à la voix passive représente plus qu'une nuance grammaticale.

Un tel glissement exprime un changement de point de vue. Il n'est plus question alors de recevoir un dû, mais de reconnaître un désir et de lui permettre de s'exprimer.

Alors seulement la rencontre avec l'autre peut avoir réellement lieu, dans sa dimension d'échange mutuel et d'exploration réciproque.

L'irréductible malentendu de l'amour

Encore faut-il pour cela accepter l'idée de notre complète ignorance de l'autre. Ce qu'il pense, ce qu'il aime, ce qu'il espère, tout cela nous reste forcément mystérieux. Entre lui et nous se glisse toujours une part de malentendu, même si nous sommes convaincus de nous être parfaitement compris.

Lorsqu'un couple revient sur les circonstances de sa rencontre, il touche souvent du doigt ces différences de perception : « Ah bon ? Tu as cru que je ne m'intéressais pas à toi ? Et moi qui pensais que j'en faisais trop pour te séduire... » Les deux protagonistes ont vécu un plaisir partagé, mais ils ne racontent pas exactement la même histoire. Sur le moment, ils ont eu l'impression de se rejoindre intimement, et pourtant ils sont passés l'un à côté de l'autre. Inquiétant préambule ? Non. Car c'est précisément cet « à côté » qui va leur permettre de se rencontrer, ailleurs que là où leur tête le pensait.

Une rencontre rate toujours quelque part pour réussir ailleurs. Il est donc illusoire d'attendre de notre partenaire qu'il vienne confirmer l'image que nous nous faisons de nous-mêmes. Car il ne nous aimera jamais pour les raisons que nous imaginons. Nous espérions avoir séduit la femme de notre vie par notre capacité d'écoute et de compréhension, et nous découvrons que c'est notre propension à rire de tout qui l'a d'abord accrochée. La surprise de l'amour se niche aussi là, dans ce qui nous porte l'un vers l'autre et qui échappe à toute prévision, dans ce décalage entre ce qu'on pense être et l'image qui nous est renvoyée.

Loin de se sentir menacé par ce portrait insolite, on gagne à l'accueillir comme la trace d'un ailleurs qui nous échappe, comme une faille dévoilant des parties insoupçonnées de notre être. Cette faille troublante fissure l'image trop définie que nous avons de nous-mêmes. Le meilleur gage au fond d'être aimé(e) : non pour ce que nous croyons être, non exactement comme on le réclame, mais pour cette singularité inconsciente qui fait de nous ce que nous sommes.

« Je ne veux pas dépendre de quelqu'un »

L'amour est un lien

Libres. Profondément libres : ainsi aimons-nous à nous imaginer. Depuis que nous avons abordé les rives de l'âge adulte, nous avons à cœur de ne laisser à personne le soin d'écrire notre destin. La vie que nous menons aujourd'hui, nous l'avons construite à notre goût et à notre mesure, sans personne pour nous souffler ce qu'il fallait faire ou ne pas faire. Et si un jour nous rencontrons l'amour, ce ne sera certainement pas au prix d'un renoncement à cette liberté. L'aventure du couple n'est concevable à nos yeux que si elle réunit deux individus parfaitement indépendants l'un de l'autre. Sinon, mieux vaut encore la solitude…

À première vue, une telle revendication n'a rien que de très légitime et de parfaitement sain. Elle semble exprimer l'inverse exact de la demande d'amour décrite dans le précédent chapitre. Plutôt que d'attendre passivement de l'autre une prise en charge de mes désirs, je décide seul(e) de mes jouissances et je réclame d'être acteur de ma vie. Un acteur sans dieu ni maître, délivré du fantasme de couple fusionnel... Bref, un être mature, apte à la rencontre avec l'autre. Puisque je ne compte pas sur lui pour tenir debout, puisque je m'assume sur le plan psychique comme sur le plan financier, je peux prétendre à une union équilibrée, où chacun aura sa place. Image indubitablement séduisante...

Sauf que le refus absolu de toute dépendance pose problème dès lors qu'on aspire à aimer. L'amour ne peut se nouer dans la simple juxtaposition de deux identités parallèles, imperméables l'une à l'autre. Il se nourrit d'échanges et d'interactions permanentes : dans un couple, on donne, on prend, on réclame, on reçoit... Qu'on le veuille ou non, c'est un lien qui génère des dépendances réciproques. Non pas les dépendances qui nous font exister *grâce à* l'autre, mais celles qui naissent de la vie *avec* lui.

Lorsqu'on protège trop jalousement sa liberté, lorsque l'empreinte possible de l'autre apparaît comme une menace, cet « avec » devient problématique et la rencontre peut du même coup en être compromise.

Une longue histoire de domination masculine

Avant de défendre son pré carré avec la dernière énergie, sans doute faudrait-il commencer par regarder en face ce que recouvre une résolution aussi farouche. De quel péril se prémunit-on en s'affirmant seul maître à bord ?

Souvent, c'est en premier lieu le spectre de la dépendance matérielle qui s'impose à l'esprit, en particulier chez les femmes. Notre mémoire collective garde la trace encore fraîche de ces siècles de domination masculine sans partage, durant lesquels les femmes n'avaient d'autre choix que d'obéir à leur époux. « Incapables majeures » aux yeux du droit, elles ne pouvaient prétendre à travailler ni à gagner de l'argent. Un asservissement pas si ancien qu'on le pense parfois : il faudra attendre 1970 pour qu'elles obtiennent l'autorisation d'ouvrir un compte en banque sans la bénédiction de leur mari... Très logiquement, leur émancipation s'est appuyée sur le levier économique. Toucher un salaire leur a permis de s'affranchir du joug masculin, d'établir avec leur compagnon une relation plus égalitaire, de rompre la relation amoureuse si celle-ci n'apparaissait plus satisfaisante... bref, de décider de leur destin, en réduisant en miettes le contrat social implicite qui prévalait jusqu'alors.

Formidable conquête, qui offre désormais la possibilité de ne pas rester enchaînée à une vie qu'on n'a pas choisie, mais qui nourrit aussi la peur obscure de perdre le terrain gagné. Ne dépendre de personne, et surtout pas d'un homme, reviendrait à se protéger de cette sujétion intolérable qui réduisait jadis les femmes à l'impuissance, à pouvoir reprendre ses billes au cas où les choses tourneraient mal, à garder le contrôle de sa vie quoi qu'il arrive.

Si compréhensible soit-il, ce principe de précaution recèle pourtant une part d'irrationnel. Certes, un divorce se décide sans doute plus facilement quand on a gardé une certaine autonomie financière, mais cela n'empêche pas certaines femmes au foyer de quitter leur mari... La dépendance matérielle d'hier était tyrannique parce qu'elle était absolue, socialement organisée, et donc incontournable. Celle d'aujourd'hui est toujours relative : quand bien même gagne-t-on moins que son conjoint, on a souvent la possibilité de sortir de cette situation. Les femmes ne sont plus tenues par l'argent comme elles pouvaient l'être dans le passé. Ce qui les tient bien davantage, ce sont des modèles et des contre-modèles dont elles ont parfois du mal à se décoller.

Se proclamer indépendante permet de se penser différente d'une mère trop soumise ou, au contraire, conforme à une norme familiale qui attend des femmes qu'elles se débrouillent seules. Cette volonté claironnante croit exprimer une force, là où en fait elle laisse parler des chaînes inconscientes.

La vraie indépendance : choisir ses dépendances

De fait, sur le plan psychique, la vraie force ne consiste pas à « assurer » envers et contre tout sans jamais s'autoriser la moindre vulnérabilité. Elle s'affirme au contraire dans toute sa vigueur à partir du moment où notre volonté renonce à la maîtrise et se permet certaines faiblesses. On ne peut se dire réellement indépendant que lorsqu'on est capable de choisir ses dépendances.

Loin de sonner comme une amère défaite, cette attitude-là représente une victoire sur les images, les modèles et les interdits qui nous hantent. Qu'elle soit d'ordre matériel ou affectif, la dépendance n'est pas nécessairement cette chaîne infrangible qui me condamne à subir la loi du plus fort et à accepter ce que je ne souhaite pas. Elle peut aussi être le fruit de mon désir. Le fait de compter sur l'homme ou la femme qu'on aime est un mouvement qui nous engage, un pari qui ne se fonde sur aucune autre certitude que le bien-être du moment présent. C'est cette indépendance de mon désir qui m'assure d'être libre, plus que l'organisation pratique qui présidera à la vie de couple. Je peux me permettre d'occuper la place d'un homme ou d'une femme au foyer sans y perdre mon autonomie, à condition de le vivre non comme un dévouement sacrificiel ou un renoncement, mais comme un choix qui me ressemble et qui rencontre le désir de l'autre. Je peux aussi très bien concilier amour et vie professionnelle intense, pourvu que je ne sois pas tyrannisée par le devoir d'être une irréprochable superwoman aux multiples casquettes.

Ce qui est à écouter, c'est cette voix intime qui chuchote en nous ici et maintenant : qu'est-ce qui me fait vraiment plaisir ? Qu'est-ce que j'y gagne ? Alors on peut accepter l'idée de compter sur quelqu'un sans pour autant se sentir en danger. La dépendance à l'autre est toujours un risque à prendre. Mais ce risque-là est infiniment moins périlleux que celui qu'on encourt à vouloir trop maîtriser sa vie, sans laisser à l'autre un espace pour s'y glisser. Car on s'enferme alors sans le savoir dans une prison dont il est bien difficile de se déloger, en obéissant à un schéma moins libérateur que précautionneux : pour ne rien y perdre, on ne cède rien de soi.

Amadouer la peur de perdre

Si l'on veut s'ouvrir à l'amour, il faut au contraire être prêt à lâcher prise et, pour cela, accepter de rencontrer toutes ces peurs qui nous tiennent à distance de l'autre. Oui, indiscutablement, ce lien nous expose à devenir dépendants, et pas seulement sur le plan matériel : en creusant une brèche dans notre moi, en lézardant le mur de nos habitudes, il va faire entrer un peu de l'autre en nous.

La vie à ses côtés va nous amener à nous adapter à son pas, à réajuster nos mouvements, à composer avec sa différence. Et très vite, nous allons avoir besoin de celui dont nous partageons le quotidien. Non pas pour remplir une attente ou un vide qui réclamaient d'être comblés. Ni même pour assurer notre subsistance. Mais parce qu'il va instiller dans notre existence mille plaisirs inédits, parce que nous allons engager dans cette relation quelque chose de nous qui changera notre rapport à la vie, parce que tout notre être se trouvera bousculé par l'irruption de ce doux intrus.

Dans l'équilibre subtil qui organisera nos échanges, nous allons apprendre à compter sur l'autre, pour faire les courses ou faire l'amour, pour partager nos enthousiasmes ou pour construire une vie de famille harmonieuse.

Là réside la terreur qui souvent nous étreint au seuil de la rencontre : peut-on se risquer à une telle dépendance ? Car inévitablement se dessine en filigrane la perspective de, peut-être, devoir un jour faire face à la perte : la séparation, le désamour, la maladie ou la mort sont susceptibles de mettre un terme à cette aventure. Tout ce qu'on y a investi sera englouti et nous laissera nus, désarmés, amputés d'une partie de nous-mêmes. Cette peur-là n'est pas à nier, mais à amadouer en touchant du doigt une loi universelle : pour gagner quelque chose, il faut nécessairement consentir à perdre.

Une négociation permanente

Le refus de dépendre de quelqu'un recouvre aussi souvent une crainte de se perdre soi-même en donnant trop de prise à l'autre. Ce que j'engage dans une relation, comment être sûr(e) qu'il ne l'utilisera pas contre moi ? Si je me livre sans réserve, je me mets dans la position d'être peut-être manipulé(e) et d'y perdre mon intégrité... C'est le sens parfois de la difficulté que l'on éprouve à prononcer un « je t'aime » qui nous engagerait et viendrait par là signaler notre vulnérabilité.

C'est oublier que le partenaire, quelle que soit son apparente assurance, n'est pas moins fragile ni moins déstabilisé par ce qui lui arrive. Chez lui aussi, la rencontre cause de profonds bouleversements. Pour que la rencontre puisse avoir lieu, il faut se défaire de l'idée qu'on est seul à avoir peur. La vie à deux entraîne nécessairement de part et d'autre des questions et des doutes sur ce que chacun se sent prêt à lâcher. La liberté de l'un s'articule à celle de l'autre non dans un bras de fer, mais dans une perpétuelle négociation.

Cette histoire-là ne cesse jamais. Elle se construit au jour le jour en suivant un cheminement propre à chaque couple. Lorsqu'on reste crispé sur son autonomie comme une condition non négociable, on s'interdit cet aller-retour dynamique entre deux désirs qui se cherchent. On s'épargne du même coup les affres et les difficultés du dialogue avec l'autre… et on en arrive ainsi parfois à un paradoxe : tout en s'arc-boutant à son idéal d'indépendance, on s'en remet à la volonté du partenaire de manière exagérée en le regardant comme quelqu'un qui ne nous laissera pas le choix. Comme si sa liberté ne pouvait s'affirmer que contre la nôtre. Or une vie en commun n'induit aucun renoncement. Elle se construit certes en tenant compte de l'autre, elle appelle des concessions dictées par les circonstances et par ce qu'on sent des limites du partenaire. Mais elle ne doit pas pour autant nous conduire à abdiquer notre désir. Sinon, ce sacrifice finira un jour par se retourner contre l'être aimé, à qui on reprochera et fera payer nos frustrations.

Pour s'épanouir ensemble, il faut ne pas répugner à chercher des jouissances hors de l'autre… et accepter la jouissance de l'autre hors de nous. La dépendance inévitable qu'induit l'amour ne doit pas signifier la dépendance absolue. C'est en laissant parler ces deux désirs qu'on peut élaborer un modus vivendi qui convienne à chacun, en sachant bien qu'il ne vaut que pour le moment présent et qu'il faudra sans doute le modifier au fil du temps.

Des liens traversés par l'inconscient

Cet échange dynamique avec l'être aimé ne peut toutefois s'établir que si l'on n'est pas tenu par des freins inconscients qui nous empêtrent et nous font voir l'amour sous les traits d'un voleur de liberté. Les liens que nous établissons avec les autres ne renvoient pas seulement à la réalité, ils se structurent aussi sur les plans de l'imaginaire et de l'inconscient, ils sont traversés par des représentations : lorsque je pense « couple », j'y associe forcément des images, des souvenirs, des modèles qui vont colorer mes relations amoureuses. Au carrefour d'un son, d'un sens et d'une image, certains mots me conditionnent à mon insu.

Prenons l'exemple du mariage, substantif piégé par excellence tant il éveille en nous des représentations puissantes : selon les individus, il évoquera une belle cérémonie, un engagement fondé sur la confiance mutuelle, une magnifique preuve d'amour, mais pour d'autres, il peut être le symbole parfait de la dépendance, ce « fil à la patte » qui les empêcherait de vivre comme ils l'entendent et briderait leur liberté. Or, si on l'examine froidement, le mariage est d'abord un contrat qui permet au couple d'officialiser son union, mais aussi de se désengager si l'amour venait à déserter. Loin de nous ligoter à vie, ce lien juridique et symbolique est le gage d'une certaine souplesse qui garantit notre liberté future.

Dans le meilleur des cas, une petite enquête de soi à soi suffit à repérer les images qui circulent en nous et à désamorcer leur charge explosive… sauf si elles viennent conforter un schéma inconscient. Lorsque par exemple on a vu ou cru sa propre mère asservie à un époux autoritaire, on aura pris le pli d'assimiler le mariage à une prison dont il est prudent de se tenir à distance. Pour pouvoir sortir de ce scénario tout écrit, il faut réussir à décoller les mots de leur sens plein et unique. En vidant ces signifiants de leur toute-puissance, il nous devient loisible de nous les réapproprier pour inventer notre propre manière de les faire vivre… et d'envisager l'amour autrement que comme une menace.

Accepter la dépendance inhérente à l'amour, c'est donc avant tout sortir d'une confusion entre dépendance consciente et dépendance inconsciente. La première peut être librement consentie et nous conduire sur les chemins de la rencontre ; la seconde nous enferme dans une relation faussée à l'autre, qui nous force à rejouer éternellement la même histoire. Seule cette dernière peut vraiment mettre le couple en péril.

Aimer et compter : mission impossible ?

Dès lors qu'on a déshabillé la dépendance de ses atours sulfureux, il devient possible de risquer quelque chose de soi dans une relation amoureuse... ce qui n'empêche nullement de border cette relation de précautions contractuelles.

Là encore, il s'agit de ne pas confondre l'engagement affectif et les formes symboliques que peut prendre cet engagement. Choisir par exemple de se marier sous le régime de séparation des biens ne revient pas à se défier de l'autre ni à témoigner qu'on ne l'aime pas assez pour tout partager. Cela signifie juste qu'on est capable de faire la part des choses entre le projet de vie qu'on élabore ici et maintenant avec l'autre parce qu'on veut construire des choses ensemble et le cadre légal qui peut assurer notre avenir contre les coups durs. C'est comprendre aussi que, d'une manière ou d'une autre, les questions matérielles vont s'inviter dans nos relations.

Contrairement à ce qu'une certaine vision romantique de l'amour voudrait faire accroire, la vie commune n'est pas exempte de comptes. La dépendance dans le couple ne consiste pas seulement à compter sur l'autre, mais aussi à compter avec lui. Et cette affaire-là n'a rien d'une évidence ! Le quotidien est truffé de détails qui vont mettre en lumière des fonctionnements divergents par rapport à l'argent : la manière dont on le dépense ou dont on l'épargne, ce qui nous coûte et ce qui nous procure du plaisir, tout nous rappellera que nous sommes différents, de par notre tempérament, notre culture et notre éducation. Inévitablement, ce décalage va créer des frictions et des incompréhensions, plus ou moins profondes.

Accepter d'être en dette

Un tue-l'amour ? Pas si on accepte d'y voir le signe de notre incontournable et précieuse altérité. Certes, ces différences nous décontenancent, tant elles viennent déranger ce que chacun de nous pense aller de soi. Mais en nous renvoyant à la complexité de la notion de valeur, elles nous invitent à revisiter nos certitudes, forcément subjectives, et à réorganiser notre propre économie. Le meilleur gage d'une relation vivante et équilibrée…

Elles nous interrogent aussi sur ce que chacun est prêt à donner et à investir dans la relation, sur ce qu'on attend de l'autre et sur ce qu'on accepte de partager. L'argent n'est à cet égard qu'un élément parmi d'autres de ce flux permanent qui irrigue les relations de couple : le temps que l'on accorde à l'autre, nos marques de tendresse parlent aussi de notre implication dans cette histoire. Une histoire où le plus difficile consiste sans doute à reconnaître tout ce qu'on reçoit de l'autre, tant cette position de débiteur nous fait peur. Le « je ne veux pas dépendre de quelqu'un » est parfois à entendre comme un « je ne veux rien devoir à personne », comme si le don de l'autre nous créait des obligations envers lui.

Là encore, c'est le désir qui peut nous sortir de cette position imaginaire, lui qui peut nous faire consentir à recevoir quelque chose de l'autre dans le moment présent sans nous sentir liés ad vitam aeternam. Parce que cela nous fait plaisir, non parce que nous y sommes obligés. La dette alors perd de sa puissance menaçante pour s'inscrire dans un échange sans cesse en devenir. C'est en acceptant cette dépendance, mobile et dynamique, qu'on peut gagner la liberté d'aimer à notre guise.

« Je suis trop timide »

Quand la rencontre se dérobe

C'est une silhouette que l'on croise chaque jour en bas de son immeuble, un visage devenu familier à force de l'épier du coin de l'œil dans le bus de 7 h 38, ou encore un ami d'ami que l'on rencontre de loin en loin, à l'occasion d'une fête ou d'un pique-nique en bande. En sa présence, notre cœur cogne à grands coups désordonnés, nos jambes se dérobent et les mots nous fuient. Incontestablement, cette personne nous attire, l'émoi qui nous envahit dès que nous la rencontrons en fait foi. Hors de notre vue, elle continue d'ailleurs de nous hanter avec insistance, alimente nos rêveries et nos attentes. Un matin, peut-être, le hasard nous offrira-t-il sur un plateau les circonstances idéales pour aborder enfin cet homme ou cette femme qui nous trouble tant ? Les jours passent, puis les semaines, les mois, et les regrets s'installent de ne jamais avoir parlé, de ne pas avoir saisi au vol le moment qui nous aurait permis de faire connaissance avec l'inconnu(e) du 7 h 38.

Comment nommer cette paralysie qui condamne à regarder passer les trains sans jamais monter dedans ? Une réponse surgit souvent, résumée par un seul mot censé tout expliquer : timidité. C'est parce que je suis timide que je reste immobile, transi d'amour et de peur mêlés. C'est parce que je suis timide que je me révèle incapable d'aller vers l'autre en dépit du désir que j'en ai. Cette difficulté si douloureuse est vécue sur le mode de la fatalité : elle renvoie à un handicap relationnel contre lequel on a l'impression de ne pas pouvoir grand-chose. Tel(le) que je suis et que j'ai toujours été, je n'ai pas les moyens de parler à cette personne qui me plaît tant. Toujours j'achoppe sur cet obstacle en moi qui m'empêche d'accéder à l'amour.

Un inconfort inévitable

Sans doute faudrait-il commencer par rappeler que, par essence, l'amour rend timide. Dès lors qu'une personne nous intéresse, dès lors que nous sommes désirants, nous avons tous la sensation de perdre nos moyens : pommettes enflammées, nœuds dans l'estomac, phrases hésitantes, rires incongrus... Selon chacun, le trouble amoureux prendra des formes différentes et sera plus ou moins manifeste. Mais croire que l'on peut s'épargner cet inconfort relève de la douce chimère.

Il n'est nullement le propre de l'adolescence, comme on aimerait parfois le croire, mais nous rattrape à tout âge, quelle que soit notre supposée expérience. Il ne cède ni devant le savoir-faire, ni devant une sociabilité bien assise, ni devant les arguments rationnels que l'on se répète pour se rassurer (« Il n'y a vraiment aucune raison de se mettre dans un état pareil ! »). Il s'impose en dépit de tout, il s'exprime en dépit de nous. Celui qui se rend à un rendez-vous galant dans une parfaite décontraction ne jouit pas d'un don particulier pour les contacts humains, il n'est tout simplement pas amoureux !

La langue française parle très justement de détachement : si je ne me sens pas attaché(e) à l'autre par une partie de moi-même, je ne suis tenu(e) par aucun enjeu, je ne suis pas impliqué(e) dans cette histoire. Alors effectivement, je peux prétendre au self-control et à une certaine légèreté. Quand, au contraire, je suis gagné(e) par le trac, ce trouble signe l'irruption d'un désir plus fort que ma volonté, un désir un peu désordonné qui met à bas l'image que je voudrais donner.

Encore une fois, c'est l'inconscient qui brouille les cartes. Mais c'est précisément ce tumulte intérieur qui nous assure de la vérité de notre intérêt.

La timidité, un obstacle à l'amour ?

C'est aussi lui qui, quoi que nous en pensions, agit parfois sur l'autre et sur son désir. La timidité constitue un charme délicieux, une vulnérabilité touchante qui peut quelquefois émouvoir bien plus qu'une séduction sûre d'elle-même. Ce que nous percevons rageusement comme des maladresses, ces gestes inachevés, ces phrases interrompues en plein vol, ce regard qui se dérobe, participent de la rencontre bien plus que nous ne l'imaginons. En nous privant de toute maîtrise sur les événements, en nous ôtant le soutien d'une image trop contrôlée de nous-mêmes, ils nous rendent plus accessibles à l'autre. Plus à même aussi de nous laisser entraîner par le courant sans chercher à ressembler à ce qu'on croit devoir être.

Encore faut-il évidemment se trouver en position de dialoguer avec celui ou celle qui nous plaît. Et c'est bien là que le bât blesse pour certains, qui se jugent incapables d'ânonner un traître mot dès lors que quelqu'un les intéresse, tant la peur les étreint. Pourtant, celle-ci n'est pas forcément un frein rédhibitoire à la rencontre. Les grands timides ne sont pas tous des célibataires endurcis, loin de là. Tout le monde connaît dans son entourage des couples dont les deux conjoints ne se caractérisent pas particulièrement par leur aisance en société, par leur bagout ou par leur audace, qui rougissent au moindre émoi, qui cultivent la discrétion avec un talent inégalé. Et pourtant, ils se sont mutuellement trouvés... Peut-être précisément parce qu'ils se sont reconnus semblables.

De découvrir en l'autre ses propres fragilités le rend souvent moins impressionnant. De le voir si démuni dans l'échange amoureux allège la peur de ne pas se montrer à la hauteur. On peut alors plus facilement se jeter à l'eau sans être paralysé par la peur d'être ridicule.

Une étiquette qui enferme

À l'évidence, la timidité n'empêche donc nullement de prétendre à l'amour. Elle n'est pas ce grand tout tyrannique qui expliquerait à lui seul nos blocages et nos échecs. Même si notre époque la pointe souvent du doigt comme un handicap invalidant qu'il faudrait travailler au corps pour le faire disparaître, on peut très bien s'en arranger et se choisir la vie qui va avec. Personne n'est obligé de se sentir à l'aise dans toutes les situations… c'est avant tout une histoire d'arrangement avec soi-même. Tant qu'elle ne cause pas de véritable souffrance, tant qu'elle n'est pas perçue comme une infirmité qui opprime, elle n'empêche pas de vivre heureux.

Là où, en revanche, elle peut se poser comme frein, c'est quand elle devient une étiquette que nous épinglons systématiquement sur nos comportements et qui nous enferme dans un fonctionnement établi d'avance. Clamer « je suis timide parce que c'est ma nature et mon tempérament » empêche à la fois d'agir et de sonder ce qui se cache derrière cette paralysie. Or, on gagne souvent à interroger le sens que l'on met sous les mots et à questionner les évidences.

Qu'est-ce qu'on entend exactement par « timidité » ? Où vient-elle se loger ? Il n'existe pas une seule mais mille formes différentes de ce « caractère » jugé si embarrassant, qui agissent à des endroits différents de nous. Certains perdent tous leurs moyens face à un jury d'examen ou à un responsable de recrutement, alors qu'ils sont capables de nouer des relations amicales très riches avec des personnes choisies. D'autres ne se sentent bien qu'en tout petit comité et rétrécissent à vue d'œil dès qu'il y a plus de quatre personnes autour d'une table. D'autres encore se sentent tétanisés dès lors qu'une idylle est susceptible de s'ébaucher. À chaque fois, ce mouvement de recul vient protéger quelque chose d'eux, quelque chose qui se sent menacé.

Le fantasme : un cocon rassurant

Il est donc important de comprendre ce que défend avec tant d'énergie le paravent de la timidité lorsqu'il empêche la rencontre amoureuse. En a-t-on d'abord tellement envie que cela, de cette rencontre ? Peut-être au fond n'éprouvons-nous pas un désir très ardent de vivre ce bouleversement et d'être dérangé dans nos habitudes... Et si, au contraire, nous aspirons de tout notre cœur à vivre cette expérience, qu'est-ce qui arrête notre élan ? Le plus souvent, c'est la peur panique de passer à l'acte et d'essuyer un refus. Nous craignons d'être moqués, jugés, méprisés par la personne même dont nous quêtons l'approbation. Pourtant, nous savons bien que le ridicule ne tue pas... sauf s'il met à mal une image déjà fragile de soi.

Là encore, ce sont nos crispations narcissiques qui parlent et qui agissent. La simple perspective d'être rejeté représente alors une menace qu'on préfère ne pas affronter. Elle signifierait la certitude qu'on n'est pas aimé, idée intolérable tant elle nous atteint profondément. Rester en lisière de la rencontre permet de laisser planer le doute : peut-être cette personne que nous dévorons du regard nous aime-t-elle sans le savoir, peut-être nous aimerait-elle si le hasard nous plaçait sur sa route…

Ce fantasme de réciprocité nous caresse dans le sens du poil et nous offre un petit cocon dans lequel nous ébattre sans souci. Puisque notre relation à l'autre ne s'enracine dans rien de concret, on peut échafauder en toute liberté les scénarios les plus échevelés. Transposer cette pièce imaginaire sur la scène du réel, c'est risquer de voir s'écrouler une construction si séduisante. Et plus le temps passe, plus il conforte cet écart entre ce qu'on imagine de l'autre et sa réalité. Risquer un pas vers une forme de concrétisation va inévitablement tuer le mythe.

Le quant-à-soi pusillanime de la timidité, si douloureux soit-il pour celui ou celle qui en souffre, permet précisément de ne pas se mettre dans cette situation.

Aimer, c'est accepter de se perdre

Est-ce à dire qu'il faut se défier comme de la peste de tous les doux délires imaginaires qui nous flattent l'ego ? Pas forcément. Nous cajolons tous dans le secret de notre âme des rêves de midinette, nous nous repassons régulièrement ce film flamboyant où nous tenons le premier rôle, nous aimons inventer un prince ténébreux ou une belle inconnue qui succombera à nos charmes... Cela n'est pas en soi le signe d'une névrose qui nous rendrait inadaptés à la réalité. Car ces images-là sont conscientes et n'empêchent pas l'amour de nous rattraper ailleurs, un amour qui sera alors forcément différent de celui qu'on avait rêvé.

Là où le fantasme devient aliénant, c'est lorsqu'il conditionne nos actes et nos choix à notre insu. L'envie de rencontrer quelqu'un me taraude, mais toujours j'en arrive à ce que cette rencontre ne puisse avoir lieu. Dans ces cas-là, il est important de comprendre que la timidité a son utilité inconsciente, en garantissant la stabilité de notre économie psychique. Elle représente la posture idéale pour que rien ne bouge. Dans la balance comptable propre à chacun, dans cet équilibre qui oscille toujours entre perte et bénéfice, la souffrance de rester seul apparaît alors préférable au risque de déchoir d'une certaine image de soi.

Or aimer, c'est accepter de se perdre. Pour vivre l'éros, il va falloir mourir. Si on ne peut s'autoriser à sentir son moi vaciller, sans doute vaut-il la peine d'aller voir de plus près pourquoi. Nos peurs ne constituent pas un frein définitif, elles signalent que le désir tape à notre porte et réclame qu'on le libère. Soulever le couvercle qui l'étouffe consiste à comprendre ce que nous protégeons avec tant d'énergie. Dans notre inconscient se terre une souffrance que nous craignons de réveiller. Nous ne savons où elle se cache, nous ignorons à quoi elle ressemble, mais nous la pressentons terrible. Cette souffrance si menaçante est en fait une construction imaginaire, élaborée à partir de notre interprétation de certains faits.

Prendre conscience de cet imaginaire peut nous aider à démonter pièce après pièce ce qui encombre notre inconscient, et à sortir d'un comportement qui nous enferme toujours dans le même schéma.

Un passage à l'acte libérateur

Attitude de circonstance ou réel blocage, la timidité mérite donc d'être interrogée pour pouvoir risquer quelque chose de soi dans la rencontre. Une chose est sûre : il est toujours payant de bousculer ses rêveries impossibles pour se hasarder dans l'aventure du réel. Lorsqu'on le fait sur un mode désirant, non pour aboutir forcément quelque part, mais pour se débarrasser d'une attente, on a toutes les chances d'en retirer un vrai soulagement.

Bien sûr, braver ses peurs n'a rien d'évident… mais rien d'impossible non plus ! Un simple mot, un sourire, une invitation suffisent à perturber l'ordre « naturel » des choses et à remettre en mouvement cette image arrêtée dans laquelle on s'était soi-même figé. Certes, la démarche exige de nous une audace, une témérité, une vaillance dont nous nous croyons rarement capables. Il y faut la petite dose d'inconscience qui préside à tous les exploits, ce léger vertige avant le grand plongeon, les yeux fermés, le souffle court.

Mais le jeu en vaut la chandelle : à ce jeu-là, il n'y a rien à perdre, qu'à sortir d'une impasse dans laquelle on s'est soi-même acculé. Quel que soit le résultat de cette tentative, elle permet souvent de se sentir beaucoup mieux. Dans le meilleur des cas, elle sera bien accueillie par celle ou celui à qui elle s'adresse. Peut-être débouchera-t-elle aussi sur une déception immédiate : dès qu'elle va ouvrir la bouche, la belle inconnue perdra instantanément cette aura qui nous la rendait tellement désirable, nous libérant du même coup de notre obsession. Et même si elle se solde par une fin de non-recevoir, notre hardiesse nous aura du moins obligés à quitter les brumes du fantasme pour nous risquer dans la réalité. En devenant acteur à part entière de cette histoire, en sortant d'une passivité aussi morbide que confortable, on y gagne en intensité de vie.

Même les échecs peuvent se traduire par un sentiment de jubilation. Pouvoir se dire « je l'ai fait ! » sonne davantage comme un triomphe que comme une défaite. La victoire d'un désir suffisamment fort pour se moquer du regard des autres…

« J'ai peur de souffrir encore »

Chat échaudé...

Trop d'espoirs déçus et trop de larmes, trop de disputes et trop de mensonges : la dernière fois qu'on est tombé amoureux, l'histoire s'est mal terminée. L'autre nous a quitté, pour quelqu'un d'autre ou pour une nouvelle vie. À moins que ce ne soit nous qui ayons provoqué la rupture parce que nous nous sentions mal aimés. Cette épreuve nous a rappelé que l'amour pouvait aussi être cruel quand il n'est pas ou plus partagé.

Des tout premiers chagrins adolescents aux séparations de l'âge adulte, personne n'échappe au maelström d'émotions pénibles qui s'engouffre alors dans le corps et le cœur. S'y mêlent la tristesse de la perte, la honte d'être laissé pour compte, la peur de la solitude, les regrets, la colère, le sentiment de culpabilité... Replié frileusement sur sa douleur, on se repasse le film pour tenter de comprendre ce qui est arrivé. L'image que l'on se fait de soi en sort écornée, l'avenir s'obscurcit, la flamme amoureuse nous semble éteinte à jamais.

Le temps aidant, pourtant, les blessures finissent par se refermer doucement. On se reconstruit pierre après pierre là où s'élevait un champ de ruines. On réapprend le goût de vivre, autrement. Mais la perspective d'une nouvelle rencontre reste souvent menaçante. On a peur, dans sa tête et dans ses tripes : peur de donner prise une nouvelle fois à la souffrance, peur d'être trompé, peur de répéter le même mauvais scénario. Souvent alors on se barde de « bonnes » résolutions pour se prémunir d'une future catastrophe : j'ai assez morflé comme ça, j'ai eu trop de mal à m'en remettre, je ne suis pas prêt(e) de sitôt à revivre avec quelqu'un !

Une méfiance déjouée par l'amour

Difficile bien sûr de faire l'économie de cette peur viscérale. Quand une rupture a creusé de vives blessures, la perspective de voir les plaies se rouvrir apparaît comme une épreuve à éviter coûte que coûte.

Heureusement, aucune expérience, si cuisante soit-elle, ne vaccine définitivement contre les nouvelles rencontres. La méfiance qu'on lui oppose n'empêche pas l'amour de forcer les barrières. Déjouant nos préventions, nos a-priori et nos convictions désabusées, il se glisse un jour à nouveau dans notre vie, nous surprenant d'autant plus qu'on s'en croyait à l'abri. On s'était dessiné un avenir serein, cadré, rassurant… et voilà qu'un homme ou une femme entrevu(e) à une soirée vient mettre à mal cette quiétude. On s'était juré qu'on ne nous y prendrait plus, mais nos pensées sont emplies de cet(te) inconnu(e) qui nous inquiète autant qu'il ou elle nous séduit.

La peur, alors, ne disparaît pas, elle devient même plus insistante. Elle signale que quelque chose de puissant se joue en nous, un désir qui cherche à pousser les portes. Elle hurle aussi qu'il y a danger, qu'à nouveau on pourrait se retrouver dans la situation de souffrir. Il est important alors de rencontrer cette peur, de la reconnaître et de faire avec elle. Non pour l'écouter aveuglément et battre en retraite, mais pour interroger ce qu'elle raconte : pourquoi ai-je peur ? Est-ce parce que je ne veux pas me lancer dans cette aventure ? ou au contraire parce que je veux y aller ? Si c'est le cas, alors il faut se résoudre à se jeter vers l'inconnu, en se souvenant qu'on ne peut tirer enseignement des expériences d'hier pour prédire ce que sera l'histoire d'aujourd'hui.

Chaque rencontre est par définition unique et se déroule selon un dessin toujours original. Il n'y a que l'ignorance qui peut nous sauver des schémas tracés d'avance, des prédictions apocalyptiques et de la fameuse loi des séries.

Des expériences qui nous font évoluer

Le pire est d'autant moins sûr que les nouvelles rencontres nous trouvent parfois plus mûrs, plus souples, plus ouverts. L'échec amoureux, si pénible soit-il, peut en effet avoir la vertu salutaire de nous faire réfléchir sur nous-mêmes. Si on accepte l'idée que la rupture n'était pas entièrement de la faute de l'autre ou de la fatalité, il devient envisageable de mettre en doute quelques-unes de nos certitudes les mieux assises et de réviser nos fonctionnements. Il y a encore quelques mois, je croyais dur comme fer qu'un vrai couple doit tout faire ensemble et tout partager. Mais le départ de mon compagnon ou de ma compagne a fait vaciller cette conviction : s'il ou elle a fini par s'en aller, c'est parce qu'il ou elle ne supportait plus ce tête-à-tête étouffant. Pourvu que je ne sois pas figé(e) dans un schéma inoxydable, cette expérience malheureuse peut m'inciter à réorienter dans le futur mes manières de faire et mes relations amoureuses. Peut-être tenterai-je la prochaine fois de m'accorder des temps rien qu'à moi et de reconnaître à l'autre la liberté d'en faire autant.

Admettre qu'on ne détient pas la vérité pleine et entière est le plus sûr moyen de s'ouvrir les chemins de la rencontre. En étant traversés, puis dépassés, ces échecs ne représentent donc pas forcément un frein à l'amour. Certes, ils nous ont fait mal, parce qu'ils ont déçu nos espoirs, ébranlé nos idéaux, blessé notre amour-propre. Mais ils ont l'avantage parfois de nous conduire sur des chemins inattendus en nous faisant voir la vie sous un jour différent et en assouplissant certaines de nos rigidités.

Quand l'échec se répète obstinément

Cette mobilité intérieure ne peut toutefois se déployer qu'à la condition de reconnaître la part de responsabilité qu'on a prise dans l'histoire. Si, au contraire, on reste cramponné à l'idée d'une fatalité inhérente à l'amour, le risque existe effectivement de revivre à l'avenir une mésaventure comparable. Loin de remettre en question nos principes et nos convictions, l'expérience vécue vient alors conforter l'idée que cela ne pouvait pas se passer autrement. J'ai essayé, mais « comme d'habitude », cela s'est soldé par une séparation. L'échec s'inscrit alors dans une répétition à laquelle nous serions irrémédiablement voués.

Soit on va imputer à l'autre ce qui n'allait pas dans le couple : il ne supportait pas de devoir tout partager avec nous ? C'est parce qu'il ne nous aimait pas vraiment, comme tout le monde *devrait* aimer. La distance qu'il réclamait n'est à nos yeux que le signe de son manque d'implication. Au lieu de provoquer un déclic propre à nous faire changer, l'échec vient au contraire confirmer ce qu'on a toujours su : que les hommes ne veulent pas s'engager, que la vie de couple finit toujours par se corrompre, que l'amour est condamné un jour ou l'autre à se volatiliser.

À moins qu'on n'attribue cette défaite à notre indéfectible nature : si l'autre a pris la clef des champs, c'est parce que nous avons mauvais caractère, parce que nous sommes trop indépendants, ou parce que notre forte personnalité lui a fait peur. Mais cette apparente autocritique n'entraîne pas pour autant de remise en cause de nos fonctionnements. Elle s'appuie sur une réalité considérée comme définitive : cela ne peut pas marcher parce que je suis comme ça et pas autrement. Pour le meilleur et pour le pire.

Un alibi pour ne plus rien tenter

La peur de souffrir encore cache alors bien autre chose qu'un bouclier un peu dérisoire, susceptible de baisser la garde dès que la réalité mettra sur notre chemin la possibilité de retomber amoureux. Elle devient au regard de l'inconscient l'alibi rêvé pour ne plus rien tenter : puisque à chaque fois, l'amour se termine mal, mieux vaut s'en tenir éloigné.

À notre insu, nous sommes imprégnés de la conviction que le schéma est incontournable et nous allons donc tout faire pour vérifier cette loi qui nous constitue. Toute la difficulté réside dans le fait que nous ignorons obéir à un système aussi tyrannique. Ce système, propre à notre histoire et à la lecture que nous en avons faite, nous reste souterrain et obscur. Consciemment, je rêve d'amour au long cours et d'une vie de couple harmonieuse. Mais mon imaginaire et mon inconscient sont figés sur l'idée que l'autre va forcément me tromper, m'humilier, m'abandonner comme j'ai vu peut-être mon père le faire avec ma mère lorsque j'étais enfant. J'ai beau avoir l'impression de tout mettre en œuvre pour ne pas rééditer leur histoire (ou plutôt ce que je pense être leur histoire), je suis entravé(e) par un scénario immuable de séparation. L'échec amoureux est ce qui permet à ces deux parties antinomiques de moi de cohabiter. Derrière le « je ne veux pas revivre ça », il faut surtout entendre combien est forte l'obligation que tous les hommes soient les mêmes, que toutes les femmes soient victimes, que tous les couples se séparent.

Si douloureux soit-il, ce ratage programmé a quelque chose de rassurant, en dessinant en pointillés l'histoire à venir. Puisque je suis celle ou celui qui toujours réédite le même récit, je sais qui je suis et à quoi je suis voué(e). La répétition me définit. Et je préfère inconsciemment cette certitude à une autre histoire qui me débordera de mon savoir.

Certaines répétitions nous poussent à réagir...

Il arrive cependant que la répétition des échecs amoureux nous contraigne à sortir de ce confort relatif. Parce qu'un jour, on a l'impression insupportable d'avoir laissé filer un bonheur possible, parce qu'on a soi-même délibérément consommé le désastre, parce que la dernière rupture était celle de trop. Le bénéfice que nous procurait ce costume si familier devient alors trop minime en regard des pertes, il n'apporte plus assez de profit par rapport aux souffrances quotidiennes dans lesquelles on se sent englué. Le schéma rassurant ne recouvre plus que de la contrainte et de l'enfermement. Ce n'est alors ni la raison ni l'intelligence qui vont amener à la décision de se sortir de là. C'est un sentiment d'urgence qui nous crie qu'on ne peut plus continuer ainsi. Il faut que quelque chose se passe, pour nous délivrer de la paralysie et du déjà-vu.

Comment battre en brèche ces schémas qui nous emprisonnent ? L'erreur consisterait à traquer tous les signes qui pourraient nous alerter d'une possible répétition. Certains s'inquiètent souvent d'être attirés par le même type d'hommes ou de femmes, par des personnalités qui se ressemblent, par des profils un peu similaires... « Je suis encore tombée sur un cyclothymique, c'est reparti comme en 40, décidément, je choisis toujours des personnalités impossibles ! » s'affole-t-on dès les premiers temps de la rencontre. Or cette répétition au sens conscient et évident du terme n'est pas dangereuse, précisément parce qu'elle agit à découvert. Elle parle simplement de nos objets de désir, de ces récurrences de notre cuisine libidinale qui rend chacun d'entre nous singulier et le porte naturellement vers certains types de partenaires.

... d'autres nous enferment dans un rôle immuable

Là où la répétition est réellement handicapante, c'est dans sa dimension inconsciente. Et celle-là n'est pas facile à repérer. Généralement, sa révélation éclate après coup.

On pensait avoir choisi un partenaire très différent du précédent, cette liaison ne ressemblait apparemment en rien à ce qu'on avait déjà vécu... Puis vient un jour où on se retrouve face à une situation familière. Elle nous place sur une scène dont on connaît les répliques par cœur. C'est seulement à ce moment-là, dans cet après-coup, qu'on peut refaire le trajet en sens inverse et réaliser comme on a participé à ce dessein. Lutter contre la répétition ne consiste donc pas à la voir partout, mais à identifier ce rôle qui nous colle aux basques et à comprendre ce qui se joue ici : pourquoi choisit-on d'embrasser ce personnage-là avec autant de constance ? Pourquoi être allé justement vers celui ou celle qui pouvait nous donner la réplique ? De quoi nous protège un schéma aussi immuable ?

Un recours à la psychanalyse est parfois nécessaire pour répondre à ces questions énigmatiques. L'échec amoureux est interrogé alors comme un symptôme permettant de tenir tant bien que mal notre structure psychique. C'est en allant débusquer les images cachées sous les mots, en mettant en doute le sens qu'on a donné aux événements de son passé, en rencontrant ce qu'on trouve comme intérêt à une telle répétition qu'il devient possible de démonter cette construction. Cela passe souvent par la prise de conscience qu'on ne connaît pas d'autre mode d'emploi, parce que dans sa propre famille ce fonctionnement-là irriguait les relations sans jamais être dénoncé.

Il serait toutefois illusoire de croire se débarrasser définitivement de tous ses freins à coups de cure analytique. Certes, l'analyse peut être synonyme de libération. Mais elle ne fait pas de nous des êtres superpuissants ni extralucides. Elle nous amène au contraire à comprendre qu'on n'est jamais sûr de rien, en lézardant les certitudes indiscutables qui bouchent notre horizon. C'est ainsi qu'elle peut nous aider à aller de l'avant là où, sans elle, on restait embourbé dans une répétition stérile.

La peur de souffrir, elle, ne disparaîtra pas. La hantise de l'échec amoureux non plus. Il faudra faire avec elles, non pas comme des obstacles, mais comme des petites voix de nous qu'on aura appris à reconnaître et qu'à l'occasion on pourra mettre en berne. Débarrassé de la certitude tyrannique que toute histoire d'amour est vouée à mal finir, on pourra alors se jeter dans l'aventure. La peur au ventre, mais l'envie plus forte encore…

« Je veux un enfant »

Un manque douloureux

Du plus loin qu'on s'en souvienne, un rêve réjouissant a grandi en nous comme une évidence : un jour viendrait où, à notre tour, nous aurions un enfant. Comme nos parents avant nous, comme leurs parents avant eux. Destin déjà écrit où s'ébattaient dans notre imaginaire des bébés rieurs, de généreuses tablées, des maisons résonnant d'éclats de voix et de cavalcades. Dans notre esprit, il suffirait juste de rencontrer le partenaire ad hoc pour réveiller cette fibre dormante qui ne demande qu'à s'exprimer.

Mais, cruelle ironie du sort, la vie en a pour l'instant décidé autrement : alors qu'autour de nous les berceaux se lestent de leur précieux fardeau, nos histoires d'amour se soldent immanquablement par des séparations, l'homme ou la femme sur qui nous comptions pour réaliser ce projet ne partage pas notre envie, à moins que ce ne soit un durable célibat qui nous empêche d'accéder à ce bonheur si simple de devenir parents. L'évidence du début s'est transformée en problème, et le problème en manque douloureux. Le temps passant, une nouvelle angoisse se fait peu à peu jour : celle du calendrier. Bientôt, il sera peut-être trop tard. L'horloge biologique tourne si vite... Le sentiment d'urgence vient alors se greffer à une souffrance déjà vive.

Du coup, les rencontres avec l'autre sexe ne se vivent plus qu'à l'aune de ce désir inassouvi : vais-je enfin réussir à trouver l'homme ou la femme qui acceptera de me faire un bébé ? L'enfant devient comme un préalable à toute forme d'engagement. L'enjeu consiste à cibler le partenaire qui nourrira une envie similaire et nous offrira dans un même bouquet l'amour et la famille qu'on rêve de fonder.

Parce que c'est lui, parce que c'est moi

Le problème, c'est que cette démarche assigne à la rencontre amoureuse un but tellement précis qu'il en devient un obstacle. Certes, vivre à deux peut conduire à cet acte bouleversant de donner la vie. Mais confondre dans un même projet de départ le désir d'aimer et celui d'avoir un enfant risque de bloquer la relation et de la tuer avant même qu'elle ne s'ébauche.

Notre attente, lorsqu'elle s'affiche avec tant d'ardeur, astreint en effet le conjoint à une place définie d'avance : réduit(e) au statut d'outil reproducteur, à l'image d'un « bon père » ou d'une « bonne mère », il ou elle peut en tirer la désagréable impression d'être utilisé(e)... et parfois fuir à toutes jambes par peur d'être piégé(e).

Bien sûr, il n'est pas irréaliste d'espérer croiser sur sa route un homme ou une femme qui caresse le même projet de vie. Mais en focalisant l'attention sur ce prérequis incontournable, on s'empêche de regarder le reste et de se laisser toucher par la rencontre dans ce qu'elle a d'imprévu, d'aventureux, de vivant. Construire un couple sur des bases aussi calculées n'est pas forcément la meilleure route pour fonder une famille. Encore une fois, ce n'est pas la convergence de nos envies conscientes, si fortes soient-elles, qui va allumer des étincelles et nous attirer l'un vers l'autre. Ce n'est pas non plus le langage de la raison. C'est une collision entre deux énergies souterraines, c'est la collusion de deux désirs qui s'ignorent. Alors peut-être jaillira de cette rencontre l'urgence un peu folle de faire un enfant avec cet homme-là ou avec cette femme-là. L'essentiel se situe dans cet « avec » : parce que c'est lui, parce que c'est elle.

C'est de ce moteur essentiel qu'on se prive lorsqu'on amalgame d'emblée le partenaire et l'enfant qu'on veut avoir.

Vouloir ne suffit pas

Cette posture volontariste nous conforte dans un fantasme de maîtrise très souvent à l'œuvre dès lors qu'il est question de faire un enfant. Notre époque témoigne d'une fâcheuse tendance à transformer tous les possibles qui sont les siens en outils de programmation, comme si ce projet-là devait être ordonné dans le temps, dans l'intention, dans la méthode. Or, c'est rarement comme cela que ça marche !

En matière de naissance comme en matière d'amour, vouloir ne suffit pas. Certes, les progrès de la science nous offrent un choix inimaginable il y a encore quelques décennies. La contraception permet de ne pas avoir de bébé si on ne le souhaite pas, les traitements de la stérilité donnent l'espoir d'en avoir même si notre corps s'y montre rétif. Mais ces possibilités ne sont jamais des certitudes et se heurtent vite à leurs limites. Il n'est pas rare de voir des couples, aux logiques de vie très construites, échouer à faire un enfant au moment où ils le prévoient. C'est parfois quand leur quotidien bascule dans un certain désordre, voire quand ils ont renoncé à ce projet, que la grossesse s'annonce contre toute attente. Sans doute parce qu'à cette aventure, il faut de l'incertitude, une certaine forme de lâcher-prise… et une grande marge d'ignorance. C'est ce flou qui laisse de la place à l'aventure pour s'inventer en toute liberté, hors des prévisions et des projets trop définis.

Comme l'amour, la naissance d'un enfant nous voue à la surprise. On aura beau avoir dessiné dans un coin de sa tête le tableau de cette nouvelle vie, rien ne correspondra à ce qu'on avait prévu : le quotidien mettra sens dessus dessous nos certitudes les mieux assises, notre partenaire ne sera pas tout à fait le père ou la mère qu'on avait imaginé(e), le bébé qui naîtra ne ressemblera pas à celui qu'on avait rêvé.

Dans cette affaire, tous nos calculs sont immanquablement condamnés à être déjoués.

Désir d'enfant : désir ambivalent

Mieux vaut donc se départir de l'illusion qu'on pourrait choisir son conjoint en fonction du parent qu'il promet d'être. Plutôt que de faire planer sur toute rencontre nos rêves entêtants de layette, on gagne à les tenir un peu à distance pour ne pas les laisser déformer nos perceptions ni borner cette histoire dans un couloir trop étroit.

Plus facile à dire qu'à faire, sans doute. Quand on est habité par une envie puissante de donner la vie, on ne peut pas faire comme si elle n'existait pas ! C'est vrai. Mais on peut en revanche, de soi à soi, interroger ce désir avant de le promener en bandoulière comme une revendication affichée. Le sens commun a généralement coutume de penser l'acte d'enfanter comme un phénomène naturel et, donc, parfaitement limpide : en bons mammifères que nous sommes, nous serions programmés pour nous reproduire, suivant un instinct commun à toutes les espèces animales. Sauf que le désir d'enfant est infiniment plus complexe que cela.

Il relève à la fois d'un choix intime et d'un geste social, du projet mûrement pensé et de l'élan inconscient. Cette expérience de vie essentielle joue de nos cordes les plus fragiles. Les plus violentes aussi. Elle apparaît comme une décision éminemment personnelle, tout en obéissant à des modèles très puissants. Elle promet un bonheur incommensurable, mais elle entraîne aussi une forme d'aliénation, en s'accompagnant d'une brassée de contraintes, de soucis et de frustrations. Le désir se mâtine de peur, le rêve de donner la vie s'accompagne d'un mouvement de rejet envers cette possible perte de liberté, l'amour n'est jamais très loin de la haine... Bref, un tel projet est toujours traversé par une profonde ambivalence que nous répugnons à reconnaître, tant elle va à l'encontre des chromos pastel que nous associons d'abord à la naissance. Celui ou celle qui se languit d'enfanter a donc tout intérêt à sonder ce qui se cache derrière une telle impatience.

La Femme, forcément maternelle ?

Chez beaucoup de femmes, ce puissant désir d'enfant renvoie souvent à leur supposée nature : à leurs yeux, la maternité serait une composante essentielle de leur féminité, inscrite dans le corps et dans la tête telle une prédestination. Privées de cette facette qui les constitue, elles ne se sentiraient pas « complètes » puisqu'elles ne mettraient pas en acte ce pour quoi elles sont faites. « Je ne me réaliserai que si je suis mère », affirment farouchement nombre de jeunes femmes, bien décidées à vivre coûte que coûte cette aventure qui les définit.

En dépit des bouleversements de ces dernières décennies, de la généralisation de la contraception, de la légalisation de l'avortement, notre époque vit toujours sur ce présupposé tenace. Celles qui choisissent délibérément de ne pas avoir d'enfant le savent bien, qui souvent encourent un regard très sévère de la part de la société, beaucoup plus que les hommes qui font le même choix. On les tient pour égoïstes et dénaturées, on soupçonne une pathologie inavouable qui expliquerait une telle anomalie. Quant aux dénis de grossesse et aux infanticides qui défraient régulièrement la chronique, ils inspirent un sentiment d'incrédulité tant ils contredisent cette image de femme naturellement, intrinsèquement, spontanément maternelle.

On sait pourtant aujourd'hui combien le désir d'enfant s'inscrit dans le psychisme autant que dans le corps, le rendant par là plus ambigu et plus tortueux qu'un simple instinct biologique. Ce qui agit avec tant de force, c'est moins un « appel du ventre » propre à toutes les femmes qu'un modèle transmis à notre insu depuis des lustres et dont nous avons bien du mal à nous délier.

La maman et la putain

Pendant des siècles, la maternité est en effet restée l'unique destin acceptable pour les femmes. Puisqu'elles seules pouvaient porter un enfant, telle était la mission qui leur était assignée. Les religions ont enfoncé le clou en opposant dans un contraste manichéen deux figures censées incarner l'éternel féminin : d'un côté, la Vierge Marie, douce, dévouée et pure ; de l'autre, Ève et toutes ses filles, femmes de péché préoccupées de leur seul plaisir et coupables de tous les vices. La maman et la putain : si caricaturale soit-elle, cette dichotomie continue d'agir en nous à notre insu.

Renoncer à la maternité reviendrait à embrasser l'autre visage, tellement moins honorable, tellement plus sulfureux. Cela reviendrait aussi à abdiquer ce qui fut longtemps le seul pouvoir laissé aux femmes. Avoir des enfants représentait une légitimation de leur existence, la garantie d'exister aux yeux des autres, puisqu'elles ne disposaient d'aucun autre moyen pour s'épanouir. Aujourd'hui encore, même si nous avons conquis le droit de trouver la jouissance hors de lui, ce schéma séculaire reste à l'œuvre et mérite d'être débusqué derrière l'aspiration « naturelle » à se réaliser en devenant mère.

Dans cette affaire, les hommes gagnent aussi à s'interroger sur les représentations qui les habitent, tant ils restent imprégnés de cette conviction que la maternité travaille les femmes comme un appel irrépressible. Souvent, ils imaginent un désir d'enfant chez celle qui leur fait face, « parce que c'est ce qu'elles veulent toutes », et en concluent qu'il est urgent pour eux de mettre les voiles pour ne pas se faire piéger. Dans un cas comme dans l'autre, il est préférable de réduire cette sacro-sainte vérité en confettis : le désir d'enfant n'est pas un incontournable féminin ; il raconte avant tout une histoire singulière propre à chaque individu et n'obéit à aucune règle préétablie.

Des intentions plus troubles qu'il n'y paraît

Le piège caché derrière cette image de maternité « naturelle », c'est qu'elle épargne précisément toutes les questions sur notre désir. Je veux un enfant parce que je suis femme. Soit. Mais ce bébé dont je rêve, qui est-il ? De quelles attentes est-ce que je le charge ? Une telle réflexion lève souvent le voile sur des intentions autrement moins désintéressées que celles que nous nous complaisons à imaginer. L'acte d'enfanter n'apparaît plus seulement comme ce noble élan qui nous transformerait en madones au doux sourire, il répond à des espoirs qui nous sont propres, il s'inscrit dans un parcours intime, semé d'injonctions multiples et de blessures inconscientes, il reflète des aspirations plus ou moins troubles qu'il est toujours payant d'identifier pour prendre un minimum de distance avec elles.

Devenir père ou mère est ainsi parfois le destin que nous a fixé implicitement notre famille. C'est à cette place très définie qu'elle nous attend, pour transmettre un nom et un patrimoine, pour réparer la perte d'un être cher, pour continuer une tradition. Ce n'est alors pas notre élan propre qui nous fait aller de l'avant, mais celui d'un autre, d'autant plus despotique qu'il agit masqué.

Il arrive aussi qu'on souhaite fonder une famille pour assurer son avenir en le peuplant d'êtres forcément aimants sur lesquels nous pourrons compter. Là encore, il vaut mieux prendre conscience de l'inanité d'un tel désir : l'enfant ne comblera pas nos failles les plus profondes, il se détachera de nous pour mener sa vie et nous renverra tôt ou tard à notre irréductible solitude.

À moins que notre désir ne soit celui de créer un prolongement de soi-même qui viendrait satisfaire notre narcissisme ? Cette tentation nous traverse tous. Mais mieux vaut en prendre conscience pour réussir à s'en défendre. Car le lien maternel risque alors de nier l'enfant dans sa singularité et d'entraver son épanouissement.

Admettre sa part obscure

Bien sûr, il ne s'agit pas de s'interdire l'envie d'avoir un bébé, sous prétexte que ce désir n'est pas aussi pur et transparent qu'il n'y paraît. Ces parts d'ombre sont inévitables, elles font partie du jeu ! Le tout est de ne pas les escamoter au profit d'un idéal trop séduisant. Laisser la place à nos ambivalences, prendre conscience de nos intentions, pas aussi avouables que nous le souhaiterions, tout cela rend à notre désir une complexité bienvenue.

C'est en laissant parler cette complexité-là que peuvent s'ouvrir différentes voies possibles. L'idéal perd alors de ses contours, la certitude de vouloir un enfant n'apparaît plus si ferme et la rencontre avec l'autre devient autre chose qu'un pack « deux-en-un » tout ficelé. Ce détour nous évitera peut-être de chercher à sonder le désir d'enfant des partenaires que l'on croise, comme si c'était une donnée à connaître absolument pour ne pas se fourvoyer. Mieux vaut prendre conscience que cela revient souvent à contourner notre propre désir. En imputant à l'autre la responsabilité de vouloir ou de ne pas vouloir, on fait l'économie de ses propres doutes.

La question est d'abord à se poser à soi-même avant de tester la position de l'autre, en sachant bien qu'aucune réponse ne peut s'affirmer comme définitive. Parce qu'une grossesse nous engage pour la vie, cette responsabilité nous fait hésiter et suscite sans cesse des avancées et des reculades de notre désir. L'envie d'un enfant est un dessein par nature fugace, instantané et volatil, il s'inscrit dans un « ici et maintenant » toujours susceptible de varier. On ne désire pas un enfant une bonne fois pour toutes. L'idée nous traverse, nous quitte, revient nous taquiner pour s'esquiver de plus belle... Un jour, on rêve d'un bébé joufflu à caler dans le creux de ses bras... le lendemain, une visite de courtoisie chez des amis fraîchement intronisés parents nous donne l'envie d'aller danser jusqu'à l'aube en bénissant notre si fragile liberté.

Ces fluctuations sont plus fécondes qu'inquiétantes, car elles réhabilitent le désir dans ce qu'il a de dynamique.

Un désir qui s'élabore au contact de l'autre

Et c'est là précisément que le partenaire peut jouer sa partition. Non plus pour répondre à une exigence parfaitement sûre d'elle-même, une attente figée et intraitable, mais pour rencontrer ce désir inconstant qui est le nôtre et le confronter au sien. C'est au contact l'un de l'autre que ces deux désirs vont pouvoir s'interpeller, se révéler et s'élaborer pour éventuellement se rejoindre.

Dans un couple, les deux conjoints sont rarement synchrones dans leur souhait de devenir parents. La simultanéité du désir est un fantasme ! Chacun arrive avec son histoire, ses modèles familiaux, son rythme particulier. Mais lorsqu'il se met dans la disposition d'écouter le désir de l'autre, ces différences peuvent s'interroger mutuellement et parvenir à s'harmoniser. Bien sûr, les rêves et les représentations de chacun ne vont pas forcément céder le pas et disparaître pour autant. Nos motivations garderont leur part d'ombre et de calcul plus ou moins intéressé. Mais en étant entraînés dans un mouvement qui les dépasse, ils ne seront plus seuls maîtres à bord.

Le désir d'enfant déborde alors le cadre du projet rationnel censé combler une vie incomplète, il devient ce pari magnifique, incongru et fou de tenter une aventure commune. On ne sait pas où on va, on ignore ce qui va exactement se passer, on est parti pour affronter des nuits blanches, des doutes et des soucis, mais qu'importe ! on y va, mû par cette force inouïe qui a jailli de la rencontre avec l'autre. Loin de figurer un aboutissement si longtemps attendu, la naissance apparaît comme un nouveau voyage. Et c'est l'incertitude de la destination qui lui permettra de se vivre au mieux.

En se délestant d'attentes trop précises, en laissant de la place au désir du partenaire et à sa différence, on ménage aussi une vraie place pour le bébé à venir. Non plus un bébé objet, programmé pour assurer notre bonheur, mais un être à part entière, mystérieux et imprévisible. Un être qui fera de nous quelqu'un que nous ne connaissons pas encore. Un être qui dévoilera l'autre dans des atours différents de ce que nous imaginons.

Mais pour se trouver un jour dans la situation de lever l'ancre et se lancer dans une telle traversée, encore faut-il laisser à l'amour la chance de s'épanouir en toute liberté, sans le contraindre à un parcours obligé…

TROISIÈME PARTIE

Le jeu de l'amour et du hasard

Une fois mis en doute les préjugés qui le confinaient dans un réduit trop étroit, une fois désamorcés les conflits psychiques qui lui barraient la route, l'amour peut désormais se frayer un chemin plus librement. Débarrassés d'attentes trop précises, nous voici davantage disposés à nous laisser surprendre. Reste alors à nous défaire d'une dernière illusion : celle d'un supposé savoir-faire qui nous aiderait à régler notre conduite pour que la rencontre soit un succès.

Les conseils, les modes d'emploi, les recettes infaillibles qui nous assureraient de séduire l'autre sans nous tromper s'avèrent de peu de secours pour guider nos pas dans cette aventure. L'art d'aimer ne s'apprend pas dans les livres, il s'invente à chaque nouvelle rencontre. C'est un jeu palpitant, aux règles mouvantes et à l'issue toujours incertaine : le jeu de l'amour, du hasard… et du désir.

« Comment je fais pour la trouver, la perle rare ? »

SOS rencontres

Une fois débloqués les verrous conscients et inconscients qui empêchaient l'amour de faire effraction dans notre vie, le champ est libre pour le cueillir là où il pourrait venir nous chercher. Prêt(e)s à toutes les expériences, nous ne demandons qu'à succomber à la tentation si elle venait à nous chatouiller le cœur. Mais une nouvelle difficulté semble barrer le chemin : comment s'y prendre concrètement pour provoquer le hasard ?

Croiser sur son chemin le partenaire qui pourrait nous surprendre n'a pas toujours la force de l'évidence. Celles ou ceux qui ont encore l'âge de suivre des études se trouvent souvent au centre d'un réseau amical assez étendu, qui peut fournir matière à exploration amoureuse. Mais une fois dans la vie active, les occasions de nouer de nouvelles relations ne sont pas forcément légion. Nos proches nous ont déjà présenté les quelques célibataires de leur entourage susceptibles de nous intéresser, mais ces rendez-vous arrangés n'ont pas allumé d'étincelles. Les collègues de travail, décidément, ne nous inspirent guère. Quant aux soirées et aux fêtes que nous nous astreignons à fréquenter pour ne pas laisser passer la chance, elles ont au mieux débouché sur des étreintes décevantes.

Alors ? Où et quand dénicher cet homme ou cette femme qui pourrait pimenter notre quotidien ? Sur le palier, au club de sport, à la caisse d'un grand magasin ? À cette question, si angoissante parfois, il n'existe évidemment pas de réponse toute prête ni de mode d'emploi clé en main. Nos dispositions d'esprit jouent certes un rôle dans cette quête aléatoire : la curiosité et l'ouverture aux autres, quels qu'ils soient, constituent des adjuvants précieux pour susciter des rencontres. Mais elles ne suffisent pas toujours à déployer un éventail très étendu de possibilités, si notre quotidien est en lui-même avare en occasions. Nous voilà alors débordants d'un désir sans objet, perplexes et désemparés, ne sachant comment créer les situations qui pourraient placer sur notre route des cœurs et des corps à prendre.

Internet : une démarche pas si facile

Vient parfois un jour où une âme compatissante nous suggère de passer à l'attaque : « Pourquoi tu n'essaierais pas de t'inscrire sur un site Internet ? » Et de citer l'exemple de cette copine divorcée qui, par la grâce du Web, file le parfait amour depuis trois ans ; ou d'un grand frère, timide invétéré et éternel célibataire, qui a fini par se caser contre toute attente après de longs échanges épistolaires par écran interposé. Version dépoussiérée des petites annonces et des agences matrimoniales d'antan, le site de rencontres est devenu en l'espace de quelques années une réponse possible, voire un incontournable de la quête amoureuse… tout au moins pour ceux qui n'ont pas expressément besoin d'y recourir.

Car pour les autres, pour tous ceux qui cherchent l'amour sans succès, la démarche reste compliquée. Rares sont les personnes suffisamment à l'aise avec cette idée pour y adhérer sans réticences. « Je n'ai rien contre, mais je ne me sens pas fait(e) pour ça », avance-t-on pour expliquer le mouvement de recul que provoque une telle perspective. Avant de promener sans complexes sa souris sur la liste des partis disponibles, il faut généralement un cheminement préalable afin de combattre pudeurs et préventions. La société contemporaine a beau se clamer tolérante et dénuée de tabous, Internet peut bien apparaître comme un symbole de modernité, il n'est pas facile de s'afficher ouvertement en demande. Engager son désir de manière aussi manifeste réclame une solide indépendance d'esprit, libérée du regard d'autrui et de l'image qu'on aimerait donner de soi. Tout comme il est embarrassant d'oser inviter un(e) inconnu(e) croisé(e) dans la rue à venir boire un café, l'inscription sur un site de rencontres peut apparaître comme une épreuve, tant elle nous contraint à sortir du bois pour nous mettre à nu.

Une épreuve d'autant plus difficile qu'elle renvoie chacun à son propre parcours amoureux, semé de tentatives ratées et plombé par les doutes qui en découlent. L'idée plane que s'abaisser à de tels procédés signe un échec, une tare honteuse, un label « non conforme » que nous n'avons guère envie d'endosser. Corollaire de cet autodénigrement : on imagine parfois ne rencontrer sur ces sites que des obsédés du sexe, des « bras cassés », des infirmes de l'amour, bref, tous ceux dont les autres n'ont pas voulu. Et si les autres n'en ont pas voulu, c'est qu'il y a des raisons... Pour pouvoir franchir le pas, il faut souvent au préalable avoir pris un peu de distance avec ces représentations négatives ; avoir arrêté aussi de s'observer et de se juger soi-même avec un œil trop critique. Il devient alors envisageable de vivre le détour par un site de rencontres non comme une déchéance, mais comme un moyen d'élargir son horizon.

Un frein à la surprise de l'amour ?

Ce qui nous arrête avec tant de force, c'est aussi le caractère très calculé de la démarche. Peut-on vraiment dénicher l'homme ou la femme de sa vie comme on fait son marché, en sélectionnant de manière méthodique des profils, des CV ou des photographies ? Certains y voient une forme de consumérisme amoureux, propre à tous les excès : bien à l'abri dans le secret de son bureau, on pourrait à l'envi trier, tester, jeter les candidatures, sans engager autre chose de soi-même qu'un regard froidement critique. Et même si l'on instille un peu de bienveillance dans le choix des profils susceptibles de nous plaire, sur quoi d'autre se fonder que sur des a-priori et des idées toutes faites pour apprécier la valeur de l'un ou la nullité de l'autre ?

De fait, la surprise de l'amour peut sembler à première vue difficilement compatible avec une démarche aussi délibérée. Alors que la rencontre ne se vit jamais aussi bien que dans le lâcher-prise, l'inscription sur un site Internet réclame un volontarisme actif. Quand il faudrait renoncer à un moi trop consistant, elle incite au contraire à se définir soi-même de façon précise. Et l'ouverture à tous les possibles, sans calcul ni préjugé, semble s'accommoder bien mal d'un choix sur catalogue.

Sans doute faut-il commencer par lever une confusion : se défier de toute tentation de maîtrise n'implique pas qu'il faille s'installer dans une attente passive, en espérant secrètement que, tout à coup, un inconnu nous aborde ou nous offre des fleurs. Lorsqu'on a envie de rencontrer quelqu'un, il n'est pas aberrant de susciter des occasions pour le faire. Le lâcher-prise revient juste à se défaire d'idées trop arrêtées sur ce que doit être la rencontre, sur le profil idéal du partenaire, sur les attentes que l'on place dans le couple. À cet égard, le site de rencontres, comme le club de vacances pour célibataires ou la soirée de speed-dating, n'est pas plus pernicieux qu'autre chose : il ne s'agit que d'un outil, parfois efficace, parfois moins. Selon l'intention qu'on met dans ses recherches, on peut effectivement tomber dans les chausse-trappes d'une démarche trop contrôlée ou simplement profiter de ce tremplin pour s'aventurer vers l'inconnu.

De la vertu du jeu

Le problème ne réside donc pas dans l'outil lui-même, mais dans la façon dont on le manie. L'essentiel consiste à laisser du jeu à cette entreprise, aux deux sens du terme. D'abord le jeu dans son acception ludique, qui évitera de prendre tout cela trop au sérieux. Cette insouciance un peu enfantine ne condamne pas une relation naissante à l'échec, bien au contraire ; jouer procure du plaisir et pousse à une légèreté bienvenue dès lors qu'il est question d'aimer. Quant au jeu au sens qu'y entend le bon bricoleur, cet espace ménagé entre deux pièces d'un mécanisme pour permettre entre elles un mouvement plus délié, il est également fort utile pour dégripper nos fonctionnements intérieurs et éviter que la rencontre ne vire à l'examen de passage.

Dans sa quête amoureuse, on peut s'appuyer au départ sur un questionnaire et sur quelques données biographiques sans pour autant rester collé à une représentation de soi-même ni de l'autre. On peut aussi se risquer à un rendez-vous sans y voir un moment crucial qui décidera (ou non) d'un tournant de notre vie. Si on y va avec curiosité, prêt, à la faveur du réel, à oublier les images qui dansent dans nos têtes, il n'y a pas là de quoi s'inquiéter. La surprise de l'amour peut alors s'inviter au rendez-vous en mettant à bas tout ce qu'on avait consciemment imaginé. À moins qu'on ne découvre que notre interlocuteur, à défaut d'être l'homme de notre vie, nous donne l'envie de nouer avec lui une belle amitié.

Là où le site Internet peut en revanche devenir un boulet, c'est lorsqu'il vient nous conforter dans nos schémas bien définis : si je me cramponne à une image très précise de moi-même, si je considère que le portrait que j'ai esquissé de moi est la seule vérité qui vaille, si mes critères de choix ont valeur de condition absolue pour que la rencontre soit un succès, la réalité risque de décevoir mes attentes.

Des compatibilités à relativiser

Car les compatibilités apparentes entre mon profil et celui de mon correspondant mystère ne représentent en rien une garantie que le frisson amoureux sera au rendez-vous. Même si les sites de rencontres revendiquent souvent cette valeur ajoutée qui nous éviterait de perdre notre temps en ciblant méthodiquement notre recherche, mieux vaut être conscient des limites de cet exercice. Ce que nous croyons être des points de convergence significatifs ne recouvre souvent que des détails peu décisifs.

Bien sûr, il est tentant de conclure que si deux personnes partagent les mêmes centres d'intérêt, la même philosophie de vie, les mêmes envies, elles auront plus de chances de bien s'entendre et de se rejoindre dans un projet commun. Sauf que la complicité ne naît pas forcément du pareil : nombre de couples « réussis » témoignent qu'on peut vivre en harmonie malgré des goûts opposés. Et le supposé pareil lui-même cache toujours des dissemblances. Elle aime l'opéra, moi aussi. Mais elle ne l'aime pas forcément comme moi. Il se dit passionné de voyages, comme j'affirme l'être moi-même. Mais quand je pense voyage, j'imagine une plage de sable blond ourlée de cocotiers quand il ne jure que par les trekkings en haute montagne. Toujours la différence entre l'autre et moi finira par se signaler d'une manière ou d'une autre…

Tabler sur une éventuelle complémentarité des caractères ne nous assure pas davantage de toucher le jackpot. Imaginer que, parce qu'elle se dit calme et posée, ma cyber-interlocutrice pourra efficacement contrebalancer mon tempérament fougueux relève d'un postulat fort hasardeux. Rien ne permet d'identifier par avance ce qui entrera dans l'alchimie amoureuse propre à chaque couple.

La raison propose, l'inconscient décide

En réalité, les compatibilités qui agissent dans une rencontre se jouent de la raison et de l'intelligence. Certes, elles existent bel et bien… sauf que nous ne savons pas ce qu'elles sont ni comment les reconnaître. L'élan qui nous pousse vers une personne plutôt que vers une autre n'obéit pas à la logique, mais à une force puissante dont nous n'avons pas la lecture. La séduction naît d'une somme de détails dérisoires en apparence, mais déterminants au regard de notre désir. Un parfum impalpable, un mot qui nous bouleverse ou qui nous égaie, une nuque émouvante peuvent nous faire perdre les pédales même si, selon nos propres critères, nous n'avons rien à faire avec une personne de ce genre. Souvent, ce n'est qu'après coup que nous aurons conscience de ce qui nous a attiré. Le sentiment amoureux se tricote toujours à notre insu, sans que nous puissions identifier ce qui le fait naître.

À l'inverse, les compatibilités consciemment pointées ne conduisent pas mécaniquement à une alliance harmonieuse. Sur le papier, cet homme a tout pour me plaire : beau, spirituel, partageant avec moi un même goût pour l'art et la littérature... Et pourtant, les premiers rendez-vous m'apprennent qu'en dépit de ce profil taillé sur mesure, aucune relation ne pourra s'établir entre nous : sa voix nasillarde me rebute de façon inexplicable. Nous avons souvent honte de ces mouvements de recul, plus instinctifs que raisonnés, nous pouvons même nous les cacher tant ils vont à l'encontre de la tolérance que nous nous piquons d'afficher. Mais ils expriment une vérité inconsciente à laquelle il est difficile de s'opposer.

Mieux vaut donc d'emblée relativiser les compatibilités qui se dégagent de nos profils si l'on veut s'épargner de cruelles déconvenues. Elles peuvent certes constituer un point de départ qui nous donne l'envie de rencontrer quelqu'un. Mais ce ne sont pas elles qui décideront de notre attirance. Peut-être ces convergences visibles en révéleront-elles d'autres, plus souterraines, peut-être au contraire ne suffiront-elles pas à nous faire acquiescer avec enthousiasme à cette relation. Il est alors inutile de chercher à se dissimuler la tiédeur que l'on ressent, en s'accrochant aux « bonnes raisons » que cet homme ou cette femme aurait de nous convenir. Notre inconscient finira toujours par dénoncer cette imposture.

La rencontre virtuelle : une relation faussée ?

Mais alors, si rien ne peut a priori décider de nos compatibilités, comment s'orienter dans la foule des possibles proposés par Internet ? Comment se laisser gagner par un frisson amoureux face à la surface lisse d'un ordinateur et à la relation désincarnée qu'il induit ?

Beaucoup s'empresseront de conclure qu'il y manque justement cette présence charnelle qui fait le sel des rencontres, ces imperceptibles détails propres à les faire chavirer. Virtuels, trop virtuels échanges pour pouvoir éveiller la moindre envie et allumer un feu dans l'étendue glacée de nos solitudes… Trop virtuels aussi pour asseoir une relation sincère et vraie : puisque derrière le masque de l'anonymat chacun peut se permettre tous les mensonges, comment s'assurer de ne pas être dupé ? Rien ne garantit que l'autre soit réellement tel qu'il le dit. Rien ne m'oblige à dévoiler ce que je pense être mes défauts physiques ou mes difficultés relationnelles. Dès lors, nos échanges ne risquent-ils pas d'être pervertis d'emblée ?

Sans doute les messages écrits comportent-ils effectivement une part de frustration et d'incomplétude. Privés du soutien du regard, de l'intonation, du sourire, les mots semblent quelquefois bien fades et ne laissent entrevoir qu'un infime fragment de réalité. Mais dans ce qu'ils choisissent de dire et de ne pas dire, dans l'art qui les a agencés, dans le style qui en émane, ils racontent une foule de choses sur celui qui s'exprime. L'outil informatique a beau sembler impersonnel, il ne nous débarrasse en rien de notre subjectivité : le choix du pseudo, la manière de rédiger les quelques phrases de présentation qui doivent instiller l'envie de mieux nous connaître, tout cela nous révèle entre les lignes, au-delà de l'image que nous pensons livrer consciemment de nous. Se décrire, c'est se montrer à l'autre, mais pas forcément de la façon dont nous l'entendons.

Même nos mensonges parlent de nous

Tente-t-on de banaliser la démarche, de composer un texte neutre et sans aspérité ? Ce choix même révèle une certaine répugnance à se livrer… ce qu'un correspondant interprétera peut-être comme une discrétion et une simplicité de bon aloi. Quelles que soient nos précautions, notre interlocuteur aura toujours tendance à en penser quelque chose. Le langage, qu'il soit écrit ou parlé, ouvre le champ à toutes les interprétations, à toutes les suppositions et nous expose à ne pas être compris comme nous le pensions. Ces malentendus et ces quiproquos sont inhérents à la rencontre avec l'autre.

Quant aux mensonges, aux omissions, aux petits arrangements avec la réalité, ils ne sont pas moins éloquents qu'une description qui se voudrait totalement objective. Eux aussi racontent quelque chose sur celui ou celle qui les produit. Se présenter comme une brillante avocate alors qu'on est contrôleuse de gestion ne dit rien de notre vie, mais en apprend beaucoup sur nos rêves et notre vision de la réussite sociale. Dans le pire des cas, la tromperie peut répondre à un calcul cynique pour abuser des cœurs crédules. Mais cette dérive n'est pas le propre d'Internet : les hommes mariés n'ont pas attendu les sites de rencontres pour se faire passer pour ce qu'ils ne sont pas.

Finalement, l'outil informatique nous trouve tels que nous sommes : celui qui préfère fantasmer sur l'amour plutôt que de se colleter à sa réalité trouvera dans l'écran un abri sûr pour ne rien risquer de lui et alimenter ses rêveries en vase clos. Mais s'il ne choisissait pas ce moyen de se protéger, il en trouverait d'autres, il s'inventerait des prétextes pour ne pas s'impliquer dans une relation. Celui qui témoigne d'une susceptibilité excessive ne manquera pas de se saisir d'un mot anodin pour y lire de l'ironie ou de la moquerie. Celui qui ne tient jamais ses promesses ne se sentira tenu à rien. Chacun arrive avec ce qu'il est, avec ses peurs, ses envies, ses espoirs, ses projections.

C'est de cette matière que se nourriront les échanges sur Internet, pour le meilleur et pour le pire.

Les cyber-rencontres : ni piège ni solution miracle

Avant de s'installer devant son clavier d'ordinateur, on gagne donc à déshabiller la démarche de tous les fantasmes, positifs ou négatifs, que l'on nourrit à son encontre. Si l'on réussit à dédramatiser l'enjeu et à lui inoculer une part bienvenue de légèreté, elle peut se transformer en escapade joyeuse… qui ne nous épargnera pas pour autant les affres de la rencontre si d'aventure on se découvre séduit par la photo d'un beau brun ou par une plume alerte.

Qu'on ait été charmé par un convive lors d'un dîner ou par des échanges réguliers sur Internet n'y change pas grand-chose. Pour donner une chance à la rencontre de se vivre pleinement, il faudra aller au-delà de cette première impression et affronter ses peurs pour partir à la découverte de cet(te) inconnu(e), dans sa complexité et son mystère. Quel que soit le point de départ d'une rencontre, il s'accompagne toujours d'une part d'imaginaire et de projection que seule peut transformer l'expérience vécue.

Reste que le site de rencontres ne constitue pas une étape obligée de la quête amoureuse. Il est une possibilité parmi d'autres, née de l'air du temps, une option pas plus diabolique qu'elle n'est miraculeuse. Arguer qu'on n'est pas fait pour une telle démarche mérite une petite introspection pour comprendre ce qui nous arrête. Mais on peut finir par en conclure tout simplement qu'on n'a pas envie d'y recourir. Si la démarche réclame toujours un effort, elle ne doit pas pour autant se vivre comme un devoir ni comme un moment désagréable par lequel nous serions tenus de passer. Il existe d'autres moyens d'entrer en contact avec le monde qui nous entoure. Des moyens qui ne seront ni plus ni moins valides pour rencontrer l'amour.

Comment aborder la rencontre ?

Une image patiemment travaillée

Face à face, deux individus s'observent, s'écoutent et se flairent. Les voilà au pied du mur, à l'orée d'une possible histoire d'amour, perméables à toutes les émotions et perclus de craintes. Le premier rendez-vous est souvent perçu comme capital, telle une épreuve de vérité qui révélera la force d'une inclination ou au contraire la preuve qu'on s'est encore une fois trompé. Qu'il soit l'enfant du hasard ou le résultat d'échanges épistolaires, ce moment-là nous trouve inquiets, souvent gauches, toujours sur le qui-vive. Nous aimerions disposer d'un mode d'emploi, d'une méthode, de procédures infaillibles qui nous garantiraient d'analyser la situation avec sagacité. Mais nous nous sentons démunis, traversés par le doute et la peur.

Avant même d'entrer dans l'arène, une foule de questions nous assaille : comment l'autre va-t-il me percevoir ? Que pensera-t-il de moi ? Comment lui plaire ? Faut-il que je me dévoile à lui tel(le) que je suis, sans fard et sans apprêt, brut de décoffrage ? Ou dois-je plutôt essayer de ressembler à ce que je pense être son type d'homme ou de femme ? Les vêtements que l'on choisit d'arborer, le comportement qu'il sied d'adopter, les mots à dire ou ne pas dire, tout est sujet à débat, tout est interrogé à la lumière de l'effet que cela pourrait produire sur notre interlocuteur. Ces affres, nous les connaissons tous : qui n'a pas, en vue d'un rendez-vous galant, vidé intégralement sa garde-robe pour y dénicher l'armure à l'abri de laquelle il pourrait se sentir irrésistible ? Qui ne s'est surpris un jour à répéter devant le miroir un dialogue imaginaire avant de se rendre à un rendez-vous ?

L'inconnu par essence nous inquiète. Alors, pour nous rassurer, nous tentons de maîtriser la situation en travaillant notre image.

Quand l'inconscient se révolte

Le problème, c'est que ce projet est condamné à échouer. Vouloir gérer la rencontre est une magnifique illusion, car elle suppose de contrôler l'incontrôlable. À calculer l'impact que nous espérons avoir sur l'autre, nous en oublions la dimension inconsciente de cette aventure. Nous pouvons bien polir notre apparence, décider du message que nous entendons ainsi faire passer, nous ne pouvons anticiper ce que l'autre en comprendra. Nous ne pouvons même pas compter aveuglément sur nous-mêmes pour entretenir cette fiction. « Chassez le naturel, il reviendra au galop », soutient le proverbe. Dans la rencontre, la mainmise du conscient sur le cours des événements aboutit rarement à l'effet escompté. Je crois contrôler ce que je dis, mais ma langue s'emmêle les pinceaux et je remplace un prénom par un autre. Je me surveille pour ne pas laisser transparaître une pétulance de mauvais aloi, mais empêtré(e) dans ce costume qui ne me ressemble pas, je renverse mon verre de vin rouge sur mon vis-à-vis.

Contre la tyrannie d'un esprit qui se croit tout-puissant, l'inconscient se rebelle toujours d'une manière ou d'une autre et se rappelle à nous sous la forme de lapsus ou d'actes manqués. C'est lui par exemple qui s'arrangera pour que nous nous trompions de chemin au moment de nous rendre à ce rendez-vous si important et qui nous fera arriver en retard, brouillant ainsi l'image parfaite que nous souhaitions donner de nous-mêmes. Ce raté ne signifie pas forcément que nous n'avions pas le désir profond de cette rencontre. Mais qu'à vouloir border ce désir de tous côtés, nous nous exposons à ce qu'il ressurgisse là où on ne l'attend pas, causant plus de désordre que si nous l'avions laissé suivre son cours.

La séduction : une histoire qui nous échappe

Dès lors, mieux vaudrait nous défier de nos tentatives dérisoires pour rester maîtres des événements. Ce n'est pas la volonté qui peut nous aider à offrir une image positive de nous. Ce n'est pas non plus une quelconque technique qui charmera notre interlocuteur. De quoi relativiser nos angoisses et nos doutes à l'heure de nous risquer à la première rencontre. Et pourtant, nous sommes gagnés par l'effroi de ne pas nous montrer à la hauteur : depuis le temps qu'on n'a pas séduit quelqu'un, on a l'impression d'avoir perdu la main. D'ailleurs, on n'a jamais été très doué(e) pour ce genre d'exercice... Maladroit(e) comme on l'est, on risque de faire fuir l'autre à toutes jambes, qui ne saura jamais que nous pouvons être autre chose qu'un être empoté et rougissant.

En raisonnant ainsi, nous imaginons que cette affaire-là requiert un savoir-faire et une expérience seuls à même de faire réussir la rencontre. Certes, des battements de cils effarouchés ou une tirade bien rodée peuvent parfois avoir leur efficacité (toute relative cependant, tant ils signalent l'artifice à des kilomètres). Mais ces procédés relèvent d'une entreprise clairement définie. Il s'agit moins de rencontrer l'autre que de le capturer dans ses filets. La séduction calculée nous voue à un rôle écrit d'avance et bride toute spontanéité. Nous endossons le costume d'un chasseur qui n'a de cesse de venir à bout de sa proie. Au pire, nous risquons le ridicule : ne joue pas la vamp ou le don Juan qui veut. Au mieux, nous élèverons entre l'autre et nous un écran très difficile à traverser. Comment dès lors laisser le champ ouvert pour se découvrir, se confier, se dévoiler ?

Ce qui se joue réellement dans la séduction nous échappe par nature. Nous ne pouvons prévoir à l'avance ce qui, peut-être, ravira l'autre ou au contraire le rebutera. Nous aurons beau avoir soigné notre mise, étudié notre plus beau profil, rien ne permet de deviner la façon dont tout cela sera reçu. La seule attitude qui puisse faire pencher la balance en notre faveur, c'est de nous oublier nous-mêmes pour prêter de l'attention à l'autre, c'est de témoigner d'une écoute empreinte de curiosité. Plus qu'une épreuve à passer, le premier rendez-vous est à vivre comme l'exploration d'un pays inconnu : cette perspective nous évitera de trop nous penser nous-mêmes.

Tout dire de soi... ou se laisser deviner ?

Dans le dialogue qui va se nouer avec l'autre, on gagne de la même manière à ne pas trop peser ce qu'on va livrer de soi. Il arrive que nous soyons tentés de jouer d'emblée cartes sur table en déballant notre biographie complète, avec à la clef les inévitables blessures et traumatismes qui ont laissé en nous des cicatrices indélébiles. Au moins notre interlocuteur saura-t-il à quoi s'en tenir même si ce portrait n'est pas nécessairement à notre avantage... Guidé, croit-on, par un louable souci d'honnêteté intellectuelle, on espère ainsi établir des bases saines sur lesquelles pourra s'édifier la relation future.

Sauf que les intentions cachées derrière cette apparente franchise sont souvent beaucoup moins honorables qu'on ne voudrait le croire. En livrant tout à trac nos secrets les plus intimes, nous espérons que l'autre saura nous guérir des petits démons du passé, de nos doutes et de nos névroses. Nous cherchons un soignant autant qu'un amant. Sous couvert de droiture morale, nous le chargeons d'un poids qu'il n'a pas demandé à porter… et si d'aventure il se dérobe, nous n'y verrons que le signe de son insuffisance : avec lui ou avec elle, cela n'aurait pas pu marcher. Mais surtout, au-delà de cet alibi de transparence, nous cherchons à l'aiguiller sur une voie toute tracée pour faire notre connaissance. Une manière inconsciente d'imposer notre personnage plutôt que de le laisser deviner à l'autre. En livrant de nous un portrait déjà verni, sans retouche possible, nous lui épargnons l'exploration de nos méandres intérieurs, nous rendant ainsi coupables d'un abus de pouvoir caractérisé.

S'ouvrir à la rencontre, c'est d'abord et avant tout autoriser l'autre à penser ce qu'il veut, à se faire sa propre idée sur notre personne, à s'intéresser à des pans de nous que nous ne soupçonnons peut-être même pas. Nous pouvons bien imaginer être les mieux placés pour savoir qui nous sommes, il faut accepter l'idée que notre interlocuteur puisse nous voir autrement. Heureusement, la réalité se charge souvent de nous rappeler à l'ordre. Car l'autre empruntera rarement le chemin qu'on lui avait balisé : il posera sans doute des questions que nous n'avions pas prévues, s'intéressera à des aspects de notre vie qui nous semblaient insignifiants, livrera une analyse inattendue du problème personnel que nous lui avons confié. On aura beau avoir « tout dit » de soi, il restera forcément un champ inexploré dans lequel l'autre pourra s'engouffrer librement.

L'autre, cet éternel inconnu

Quels que soient les chemins qu'empruntera cette première confrontation, ils ne pourront en tout cas répondre à la question qui nous obsède : est-ce que je lui plais ? Impuissants à déchiffrer les pensées et les sentiments de la personne qui nous fait face, nous avons souvent tendance à guetter les moindres signes qui pourraient nous en livrer des indices, voire des preuves. Un geste, un regard, un mot donnent lieu à mille spéculations contradictoires. Là où on souhaiterait tant avoir, pour se rassurer, une parfaite lisibilité des événements, c'est l'ambiguïté qui mène le bal.

Dans ce décryptage approximatif, nous ne pouvons nous référer à aucun dictionnaire, tant les émotions s'expriment de façon diverse selon les individus. L'un s'emploiera à les masquer derrière une impassibilité de glace, histoire de ne pas montrer sa fragilité ; une autre usera de pirouettes et de plaisanteries pour cacher son embarras. Même l'expérience d'une longue vie commune ne permet pas toujours d'interpréter le langage de son conjoint et ne nous assure pas d'une lecture exempte d'erreurs et de malentendus. Autant dire que face à un(e) quasi-inconnu(e), nous avons peu de chances d'y arriver ! Et pourtant, malgré cette inévitable incompréhension, chacun s'échine dès le premier rendez-vous à deviner ce que pense l'autre, comme un rébus qu'il s'agirait de décoder. Une fois rentré(e) à la maison, on continuera obstinément à décortiquer les moindres détails de cette rencontre : s'il m'a dit cela, cela veut dire que je ne lui suis pas indifférente ; si elle a souri à telle question, c'est parce qu'elle me trouvait ridicule... Comme si chaque attitude recelait un sens et un seul, chaque mot une intention unique.

Mieux vaudrait se convaincre qu'une telle entreprise est vouée à l'échec et reconnaître son invincible ignorance. Le meilleur moyen de ne pas s'enferrer dans un malentendu...

Les affres de l'attente

Passé le premier rendez-vous, la suite des événements n'a pas non plus toujours la force de l'évidence, même si nous avons la sensation que le courant est bien passé. Certes, l'entrevue s'est achevée sur une note d'espoir. L'un a risqué un timide « on se rappelle ? ». L'autre a acquiescé dans un souffle. Mais dans l'ivresse du moment, personne n'a cru bon de préciser qui était ce « on » et quand aurait lieu cette reprise de contact. Résultat, dès le lendemain, on piétine, on rumine, on ratiocine et on sursaute dès que le téléphone mobile lové au creux de la poche se met à vibrer : c'est lui ! c'est elle ! Espoir aussitôt déçu qui alimente de nouvelles interrogations teintées de scepticisme. Le silence de l'autre nous irrite autant qu'il nous inquiète : si vraiment il ou elle avait apprécié cette soirée, il ou elle n'attendrait pas de nous le dire pour chercher à fixer un second rendez-vous.

Une telle conclusion ne repose pourtant que sur les élucubrations nées de nos angoisses. Nous savons si peu de choses sur la vie et le fonctionnement de cet(te) inconnu(e)... Peut-être son travail et les déplacements qu'il implique expliquent-ils cette attente. Peut-être trépigne-t-il de son côté en hésitant à nous appeler par peur d'être importun. Peut-être aussi a-t-il une perception du temps radicalement différente de la nôtre. On s'imagine souvent que, parce que le temps se mesure de façon très objective en minutes, en heures, en jours, il est le même pour tous. Mais son appréciation est le lieu de toutes les subjectivités. Un « on s'appelle très vite » ne renvoie absolument pas à la même réalité selon la personne qui le prononce. Pour l'un, il signifie le jour même, pour un autre, plus lent ou plus occupé, la semaine suivante. Ce rapport au temps ne dit rien en lui-même de l'investissement de l'autre dans l'histoire ou de son désintérêt. Il raconte juste nos possibles différences.

Prendre le risque d'être refusé

Pour en avoir le cœur net, il serait évidemment possible de décrocher nous-mêmes le téléphone et de mettre un terme à ce silence qui nous met sur le gril. Mais l'orgueil, la méfiance ou les calculs stratégiques arrêtent parfois notre geste. Si c'est moi qui l'appelle, il va s'imaginer que je m'accroche déjà et que « c'est dans la poche ». À moins que mon audace ne lui fasse peur et qu'il parte en courant. Ou qu'il n'attende de rencontrer d'autres filles avant de se décider. Pour certaines entrent aussi en ligne de compte les supposés codes selon lesquels ce serait à l'homme de prendre les devants. Une grammaire désuète des rapports amoureux qui fait fi de l'égalité des sexes, même si par ailleurs, cette égalité est âprement revendiquée. Bref, nous élaborons tout un faisceau de « bonnes » raisons pour nous convaincre d'attendre encore. Un bel alibi pour ne pas nous avouer la peur qui rôde. En s'en remettant à l'autre pour écrire la suite de l'aventure, on s'épargne le désagrément d'une possible rebuffade. Il est sans conteste plus confortable d'être demandé que demandeur. Prendre l'initiative implique le risque d'être refusé. Et cette peur-là se faufile équitablement chez les hommes et les femmes...

Pourtant, plutôt que de ronger son frein en prophétisant le pire, plutôt que d'imputer à l'autre une désinvolture de mauvais aloi, il est souvent plus fécond de commencer par s'interroger soi-même : est-ce que, moi, j'ai envie de revoir cette personne ? Si la réponse est oui, si je n'arrive pas à fixer mes pensées sur autre chose, si le souvenir de la première rencontre me laisse un furieux goût de revenez-y, alors la meilleure voie à prendre est d'écouter cette impatience. Seule l'action peut nous délivrer de cette expectative anxieuse et des pensées obsédantes qu'elle alimente.

Au moment de composer le numéro fatal, nous aurons certainement le ventre noué et les lèvres sèches. Mais quel que soit l'accueil qui nous sera réservé, il nous libérera d'un poids. S'il est froid ou embarrassé, on ne s'évitera pas le pincement de la déception, mais tôt ou tard, il aurait fallu en passer par là. Du moins cette mise au point nous évite-t-elle de fantasmer pour rien et permet-elle de passer à autre chose. Dans le cas contraire, si notre correspondant exprime son plaisir de nous entendre et d'accepter notre invitation, nous aurons la satisfaction d'avoir su dépasser nos blocages pour affirmer notre désir... et la preuve qu'il aurait été dommage d'attendre plus longtemps !

La sexualité : une injonction parfois tyrannique

Et puis vient parfois le moment dans une rencontre où nos deux corps vont apprendre à se connaître. La première étreinte sera-t-elle cet éblouissement des sens dont nous rêvons ? Ou la révélation décevante que ça ne « colle » pas entre nous ? Si, dans certains cas, l'appétit que nous avons de l'autre nous amène à tout oublier pour nous abandonner sans réserve et sans a-priori, il arrive aussi fréquemment que cette étape nous trouve paralysés par les doutes et les interrogations. Là encore, le souci de l'image que l'on va donner de soi peut parasiter nos élans.

En matière de sexualité comme pour le reste, notre époque véhicule son lot de représentations et de modèles auxquels nous aspirons souvent à nous conformer. Aujourd'hui, il est de bon ton de s'afficher parfaitement à l'aise sur le sujet, débarrassés des tabous qui entravaient nos aînés, libérés de toute inhibition. La littérature et le cinéma nous servent jusqu'à plus soif des images d'étreintes torrides, où des amants miment l'extase dans des chorégraphies très calibrées. Les magazines de société invitent à l'exploration de nos fantasmes et à l'écoute de nos corps. Une apparente liberté de mœurs qui recouvre en fait une tyrannie invisible.

Car cette invitation à s'ébattre joyeusement dans la sexualité est ressentie par beaucoup d'entre nous comme une injonction : nous nous sentons tenus d'« assurer » dans le secret de nos alcôves comme dans le cadre de notre travail, sous peine d'apparaître coincés, frustrés ou frigides. L'acte sexuel s'érige en gymnastique exigeante et apparaît comme une performance qui réclame énergie, audace et savoir-faire, voire un certain entraînement.

Un nécessaire oubli de soi-même

Du coup, nous envisageons parfois la première rencontre charnelle comme un examen qui doit nous décerner les galons de bon(ne) amant(e). Soucieux de bien faire, nous appliquons alors consciencieusement ce que nous croyons savoir sur le plaisir féminin ou la mécanique masculine pour emporter l'adhésion de notre partenaire… au risque de passer complètement à côté de ce qu'il ou elle aime.

Contrairement aux idées reçues, toutes les femmes ne sont pas portées vers les fameux et incontournables préliminaires censés les conduire graduellement vers le plaisir, tous les hommes n'apprécient pas toujours qu'on leur administre une fellation techniquement irréprochable. Nos goûts amoureux, nos zones érogènes, nos fantasmes secrets nous appartiennent en propre et ne peuvent se déduire d'une supposée normalité qui postulerait semblables tous les amants. La sexualité relève de l'intime, de l'insaisissable, de l'immaîtrisable. Pulsion née de l'inconscient, elle varie au gré du moment et de l'humeur, elle raconte nos peurs et nos désirs. Elle fait mentir les vérités générales pour ne parler que de chacun, dans son imprévisible singularité.

Se penser soi-même au moment de faire l'amour, appliquer des gestes et des techniques, s'inquiéter de ce que l'autre va penser de nous, tout cela nous éloigne de la rencontre et du plaisir plus sûrement que nos pudeurs et nos maladresses. La jouissance naît de ce moment magnifique où l'on s'oublie à soi-même pour se laisser porter par la vague. Et l'assentiment du partenaire ne peut se gagner vraiment que si nous témoignons une envie urgente de l'explorer, de le découvrir, d'écouter ses élans ou ses répugnances.

Là encore, rien ne peut prédire ce qu'il adviendra du contact de ces deux peaux, de ce corps à corps. Mais si l'abandon n'est pas au rendez-vous, il y a peu de chances qu'il nous comble.

Une histoire qui se lit après coup

Quelles que soient les étapes de la rencontre, quel que soit l'ordre dans lequel elles interviennent, elles conduisent donc toujours à un même constat : celui de l'incertitude. Ce que pense et ressent l'autre nous renvoie, en dépit de toutes nos conjectures, à un mystère insoluble. Les raisons qu'il aurait de nous aimer ou de ne pas nous aimer nous restent inconnues. L'idéal consisterait donc à ne rien spéculer pour se jeter dans cette aventure sans a-priori, sans chercher surtout à en maîtriser les tenants et les aboutissants.

Mais notre nature humaine nous pousse souvent à savoir, à comprendre, à anticiper. Se voir comme le jouet d'une histoire qui nous dépasse a quelque chose de tellement dérangeant… Tout juste pouvons-nous essayer d'instiller un peu de doute dans nos interprétations pour laisser à la rencontre une chance de suivre son cours.

Ce n'est que plus tard que nous pourrons peut-être redonner du sens à tout cela, en reconstruisant après coup les pièces éparses de cette aventure. Si l'amour finit par s'installer dans notre vie, la rencontre nous apparaîtra alors comme ce moment miraculeux, hors du commun, où nos deux routes devaient se croiser. Chacun pointera les signes annonciateurs, les lapsus révélateurs, les actes manqués qu'il n'avait pas su reconnaître sur le moment, mais qui ont contribué à rendre possible cette histoire. Certains invoqueront même le destin ou la loi des astres pour valider l'inévitable de la rencontre. En fait, ce faisceau de coïncidences, cette conjonction étonnante tiennent moins du prodige que du mouvement inconscient qui les a orchestrés. En se faufilant entre les mailles de nos habitudes et de nos préventions, le désir bouscule notre ordinaire et nous contraint à sortir de nos voies toutes tracées. C'est moins le hasard que notre abandon qui permet à l'amour de se frayer un chemin. Sans calcul ni mode d'emploi.

« Je ne sais pas où j'en suis »

Est-ce qu'il me plaît vraiment ?

À l'époque où la solitude nous tenait lieu de compagnie, nous imaginions que *la* rencontre qui nous mettrait en présence de l'homme ou de la femme de notre vie se reconnaîtrait au premier instant avec la force de l'évidence. Coup de foudre, complicité immédiate, petites ailes dans le dos : tout viendrait nous signaler qu'enfin, notre but était atteint. Mais aujourd'hui que la vie a placé sur notre chemin un partenaire possible, nous ne sommes plus sûrs de rien.

Après des échanges réguliers sur un site Internet, le premier rendez-vous n'a pas apporté la certitude attendue. Ou alors, nous avons passé une soirée, puis une nuit délicieuse avec une rencontre de hasard, et le matin nous trouve perplexes, irrésolus, embarrassés. Une myriade de questions nous assaillent : est-ce que je suis amoureux(se) ? Est-ce que cet homme ou cette femme me plaît vraiment ? Suis-je certain(e) d'avoir envie de poursuivre l'aventure ? Tiraillé par des impressions contradictoires, on balance entre espoir et déception : cette rencontre ne ressemble décidément pas à ce qu'on avait imaginé d'une belle histoire d'amour et, du coup, on ne sait pas trop quoi en penser.

Certains sont alors tentés d'attribuer ces doutes à un défaut de sentiment : si les choses semblent si peu claires, c'est la preuve qu'on n'est pas vraiment amoureux. Une telle conclusion est sans doute un peu hâtive et mérite qu'on aille y regarder de plus près. Car l'amour est tout sauf une affaire simple.

Quelque chose qui dit oui

Certes, le coup de foudre existe : il arrive qu'une première rencontre nous emporte d'emblée et nous trouve éblouis et heureux, avides de nous précipiter dans l'aventure avec gourmandise. À l'inverse, on est parfois assuré très vite que cette histoire va s'arrêter là. Au fil des minutes, on constate qu'il ne se dessine avec l'autre qu'une relation fade, exempte de tout frisson. On n'a rien de particulier à reprocher à ce garçon, il est bien sous tous rapports, mais il provoque en nous un ennui poli. Inutile alors d'insister : le détachement que l'on ressent et le sang-froid avec lequel on évalue la situation sont les meilleurs gages que l'amour n'est pas de la partie.

Mais il arrive aussi que les prémices d'une rencontre soient moins limpides et donc peu lisibles pour ceux-là mêmes qui la vivent. Cette femme ne m'intéresse vraiment pas, elle n'est pas du tout mon genre... et pourtant, tous mes sens s'aiguisent à son approche.

Quelque chose de moi acquiesce, par-delà ma volonté qui dit non. Tel autre rendez-vous a beau s'être révélé sur le moment un authentique fiasco, il continue de me hanter plusieurs jours après, à mon corps défendant. À moins que je ne me découvre exaspérée par mon interlocuteur : cet homme, je le trouve arrogant et trop sûr de lui, sans comprendre que cette irritation même témoigne qu'il ne m'est pas indifférent.

Cette apparente contradiction a été exploitée à l'envi par le cinéma, elle constitue même un ressort classique de la comédie hollywoodienne : deux personnages que tout sépare commencent par s'ignorer ou par se témoigner une animosité violente. Ils se cherchent, s'évitent, s'agressent comme chien et chat... avant de reconnaître leur attirance mutuelle et de tomber dans les bras l'un de l'autre. Cliché éculé, tout juste bon à faire rêver dans les chaumières ? Pas seulement. S'il connaît un succès aussi récurrent, c'est aussi parce qu'il touche du doigt une réalité toujours à l'œuvre dans les rapports amoureux : celle de nos ambivalences.

En flagrant délit d'inattendu

La confusion de nos sentiments prend racine précisément dans ce qui fait l'objet de cet ouvrage : la surprise de l'amour, cet improviste qui toujours vient nous cueillir là où on ne l'attend pas. Selon chacun, elle prendra une tournure différente, plus ou moins repérable, plus ou moins bouleversante.

Elle vient parfois se loger dans des détails sans importance : c'est drôle, nous nous étions toujours imaginés au bras d'un géant, et celui qui nous fait tressaillir est du genre petit modèle. Mais diable, qu'il est beau ! Elle se manifeste aussi dans le moment où elle nous cueille : croiser l'homme de notre vie le jour où on revient de son footing, le cheveu lourd et le teint rubicond, c'est bien notre chance ! Elle peut même résider dans l'adéquation entre la réalité d'aujourd'hui et les rêves que l'on nourrissait : c'est incroyable ! cette femme que j'aime est juste comme je l'imaginais. Mais même quand apparemment la rencontre va dans le sens qu'on a toujours souhaité, il y a quelque chose de nous qui se trouve désarçonné, pris en flagrant délit d'inattendu. On n'est pas dans le registre du « c'est normal » ou du « enfin, j'ai gagné ce à quoi j'ai droit », mais de l'étonnement face à ce qui nous arrive.

Cet étonnement se fait carrément perturbant lorsque notre inclination naissante va à l'encontre de nos schémas bien établis, de nos préjugés et de nos films imaginaires. « Il a dix ans de moins que moi, cette histoire n'est tout simplement pas possible ! » s'affole-t-on en rejetant d'emblée une telle perspective. Les normes et les lois sont invoquées pour éviter de s'avouer un sentiment trop peu conforme à notre idéal : de toute façon, je me suis toujours promis que jamais je ne sortirai avec un homme marié. La rencontre est ce chaos qui fait vaciller nos repères et nous entraîne ailleurs que là où nous voudrions aller.

Pulsion contre pulsion

Car face à ce mouvement insolent qui cherche à tout emporter sur son passage, nos résistances et nos peurs montent la garde en silence. Dans une rencontre, il y a toujours en nous une vigilance à mettre en échec. Puisque aimer implique de perdre quelque chose, puisque cet état amène à abdiquer une idée de soi, une maîtrise, une indépendance, il s'accompagne forcément de défenses, plus ou moins solides, plus ou moins visibles. En dépit de notre envie intense et sincère de nous abandonner, notre instinct lutte pour défendre une certaine forme d'intégrité et garder les choses en l'état.

Dans cette histoire, c'est pulsion contre pulsion : d'un côté, celle du désir ; de l'autre, celle de la conservation du moi, tel qu'il se pense, tel qu'il se projette, tel qu'il se veut. Et la violence de ce combat est à la mesure de l'enjeu : plus le moi est accroché fermement à des certitudes, à des définitions, à des modèles, plus il va se défendre avec vigueur contre l'intrus qui les menace. Le trouble qui nous envahit est la manifestation tangible de ce conflit intérieur. Il est si difficile, si douloureux parfois, de renoncer à ce qu'on prenait pour une indéfectible vérité… L'autre représente alors un danger susceptible de détruire le cocon confortable qu'on s'était aménagé. D'où les réticences, voire l'irritation que nous ressentons parfois à son égard : nous lui en voulons de ressembler si peu à ce que notre volonté consciente avait programmé, de déjouer nos plans, de déboulonner nos idéaux. Ce sont ces mouvements contradictoires qui nous laissent si peu sûrs de nous-mêmes et de la nature réelle de nos sentiments.

Une « intuition » à mettre en doute

Contrairement à ce qu'on en imagine souvent, le sentiment amoureux est donc une des choses les plus difficiles à identifier en soi-même. Cet élan vital peine à s'affirmer sans ambiguïté quand il est freiné par les convenances, les images trop précises ou les certitudes. Avant de pouvoir s'avouer, le « c'est comme ça que j'aime » doit d'abord vaincre le « c'est comme ça que je devrais aimer ». Âpre combat, qui mérite qu'on lui accorde un peu de temps.

C'est la raison pour laquelle, après une rencontre qui nous laisse dubitatifs voire hostiles, on gagne souvent à lui octroyer une petite chance supplémentaire et à ne pas la récuser sur-le-champ en nous réfugiant derrière notre supposée intuition. La première impression n'est pas forcément un indicateur très fiable de la validité de nos désirs. Soupirer « je ne le sens pas » ou « il y a quelque chose chez elle qui me gêne » mérite d'être interrogé : est-ce bien l'autre qui, définitivement, ne me plaît pas, ou est-ce de renoncer à l'idée que je me faisais de lui qui me pose problème ? Est-ce bien un rejet qui s'exprime là ou la peur panique de l'inconnu qui s'ouvre à moi ? Plutôt que de lister la somme de défauts qui nous empêchent de trouver l'autre aimable et justifient notre recul, autorisons-nous à essayer encore, au risque de nous tromper : peut-être vérifierons-nous que notre premier mouvement était le bon, mais peut-être découvrirons-nous au contraire que nos réticences, notre susceptibilité, notre agacement n'étaient qu'un pauvre paravent destiné à nous protéger d'un trop grand bouleversement.

Se défaire du regard des autres

Ce qui se joue dans nos doutes, c'est aussi souvent la peur du regard des autres. Un regard qui fait office de loi obscure et guide plus ou moins consciemment nos choix. Parfois, il s'agit d'une loi imaginaire, dictée par la culture, la religion et l'éducation dans lesquelles nous avons baigné : on répugne à s'embarquer dans une relation en croyant écouter son propre manque de désir alors que ce mouvement répond surtout à la supposée demande de ses parents. Parfois aussi, le jugement des autres correspond à une réalité, ouvertement exprimée. Des amis ou des membres de notre famille nous décernent un satisfecit, ou au contraire nous mettent en garde : je ne te vois pas du tout avec un type comme ça… Si l'on est soi-même en proie au doute, ces prescriptions trouveront un écho d'autant plus favorable.

Or, pour aller de l'avant, notre élan va devoir s'affranchir de tout cela. En premier lieu de ce que les psychanalystes ont coutume d'appeler le Surmoi : il est cette instance intime qui en nous juge et condamne, qui empêche nos pulsions de s'ébattre en liberté, il est ce sens moral qui nous amène souvent à nous sentir coupables. Autorité nécessaire, ce Surmoi doit toutefois être affronté si l'on veut oser son désir. La relation amoureuse a besoin d'une part de transgression inconsciente : en laissant parler le Ça, cette autre instance psychique qui cherche le plaisir, je me libère pour un temps de ce regard qui, en moi, juge ce qui est bon ou ce qui ne l'est pas. Je peux alors décider d'aimer, parce que tel est mon désir, même si cela ne correspond pas aux modèles qui m'habitent.

Au-delà de cette transgression psychique, il nous faudra aussi apprendre à relativiser le regard de nos proches. Et pour cela comprendre que cet entourage, quand il nous délivre des conseils, parle toujours de lui-même quand il croit parler de nous : ses avis, ses recommandations, ses critiques sont le reflet de ses propres attentes, de ses propres modèles, de ses propres projections. Ce qu'il nous enjoint de ne pas faire, c'est ce qui lui répugnerait à faire. Seul notre désir est donc à écouter… et à assumer s'il va contre les représentations d'autrui.

Embrasser le présent

Même s'ils s'avèrent inconfortables, les doutes et les hésitations font donc partie intégrante du jeu amoureux. Nés de nos propres défenses ou induits par notre entourage, ils ne représentent nullement la preuve irréfutable que cette histoire ne vaut pas la peine d'être tentée. Mieux vaut se départir du fantasme selon lequel le jour où on rencontrera l'Amour, il se révélera dans toute sa splendeur et dans toute sa puissance, sans contestation possible. Il n'existe pas de petit voyant qui passerait tout à coup au vert et nous claironnerait que nous avons enfin décroché le gros lot.

Or, si nous regimbons à nous avouer nos propres sentiments, c'est souvent parce que nous confondons cet aveu avec une obligation de certitude. Plutôt que de faire des essais, de nous autoriser les erreurs, de mettre nos sentiments à l'épreuve, nous voudrions être sûr dès le départ qu'il s'agit bien du « bon » partenaire. Reconnaître « je suis peut-être amoureuse » ne signifie pas qu'on fera sa vie avec celui qui nous trouble aujourd'hui. La seule chose dont on puisse être sûr, c'est qu'on n'est jamais sûr de rien !

Alors, à écouter les voix contradictoires qui parlent en nous, donnons la préférence à celle qui nous souffle son envie d'aller y voir de plus près. Peut-être la suite des événements nous apprendra-t-elle que finalement, nous ne trouvons pas notre compte dans cette relation. C'est un risque à prendre. Mais ce risque est minime. Si vraiment nous ne sommes pas amoureux, nous y laisserons peu de plumes : une once de déception, sans doute, qui sera vite oubliée. Et si nous découvrons que nous le sommes, il aurait été tout de même dommage de nous priver d'une telle aventure…

Le couple qui dure, une utopie ?

Le désamour n'est pas une fatalité

Ça y est ! Nous avons rencontré la personne avec qui nous nous sentons bien, celle qui illumine nos jours et incendie nos nuits, celle qui nous donne l'envie de partager nos tartines du matin et notre journal préféré. Nous avons risqué un premier « je t'aime », et depuis, chaque jour qui passe nous donne l'envie de le redire, encore et encore. Évidemment, nous aimerions que cela dure, le plus longtemps possible. Dans le secret de nos pensées, nous formons le vœu de maintenir vivant tout au long des années cet élan qui aujourd'hui s'exprime avec tant de fougue. C'est le pari fou de l'engagement amoureux, qu'il se concrétise ou non officiellement par le mariage. Oui, nous avons envie que le bonheur de maintenant se prolonge, que cette histoire balbutiante s'inscrive dans le temps, peut-être même que ce duo se transforme à terme en famille harmonieuse et unie.

Mais nous savons bien aussi combien cette entreprise est difficile. L'explosion du nombre de divorces durant ces dernières décennies nous rappelle avec insistance la fragilité des liens amoureux. Notre propre expérience nous a parfois déjà amené(e)s par le passé à connaître les affres du désamour et de la séparation. À moins que ce ne soient des couples de notre entourage, pourtant tellement bien assortis, qui ont brusquement mis un terme à ce qui semblait parti aux yeux des autres pour durer toujours.

Cette réalité, statistique ou intime, plane comme une inquiétude diffuse sur l'avenir de tout engagement. Et face à un tel défi, les questions angoissantes se bousculent : n'est-ce pas là au fond l'évolution naturelle de toute relation ? Comment réussir là où tant d'autres échouent ? Qu'est-ce qui peut garantir que le sentiment qui brûle aujourd'hui ne s'éteigne pas un jour ? Rien.

Mais cette incertitude ne signifie pas pour autant que le désamour soit une fatalité. Une inclination n'est pas vouée inéluctablement à faiblir et à disparaître avec le temps. Elle peut tout aussi sûrement survivre aux épreuves et à l'usure, au refroidissement et à l'ennui.

Une désillusion nécessaire ?

Ce qui est vrai en revanche, c'est que ce sentiment va nécessairement évoluer au fil du temps. Parce que chacun des deux partenaires va changer, dans un sens qu'on ne peut prévoir à l'avance. Parce que l'amour lui-même prendra des visages différents tout au long de la vie. Aimer comme au premier jour est possible si on entend ce « comme » dans le sens de l'intensité, non de la forme que prendra cette aventure.

Passés les premiers temps de l'ivresse amoureuse, un autre rythme, une autre humeur, une autre énergie se fraient peu à peu un chemin jusqu'à nous. Certains parlent parfois de cette étape comme d'une « désillusion » nécessaire. Après avoir idéalisé le partenaire, on redescendrait de son petit nuage pour toucher terre et se frotter à des réalités plus prosaïques. En fait, il s'agit bien plutôt d'entrer de plain-pied dans l'intimité de l'autre et de transformer la page blanche de l'amour naissant en récit vivant. Cette évolution ne sera vécue dans la désillusion que si on l'impute à son partenaire. On s'imagine parfois que la légèreté, l'insouciance, l'audace qui nous ont emportés dans les premiers jours, c'est à lui qu'on les doit. Et que donc, s'ils s'évanouissent, c'est à lui qu'on le doit aussi.

En fait, ce qui nous rattrape dans ce second temps de la rencontre, c'est nous-mêmes, c'est ce moi auquel la surprise de l'amour nous avait soustraits et qui nous revient avec ses vieilles habitudes, ses marottes et ses idées sur la vie… ce moi qui doit aujourd'hui composer avec le moi de l'autre, pour s'entendre sur la façon d'organiser le couple. La vie commune induit toujours des ajustements et des remises en cause puisqu'elle met en acte au quotidien la rencontre de deux altérités. On entre alors dans un autre vivant, moins spectaculaire, moins agité, mais sûrement pas moins intense ni moins bouleversant : se confronter aux différences de l'autre, savoir les accueillir pour ce qu'elles sont, cela représente une aventure palpitante, mais aussi diablement dérangeante.

Interroger les clichés

Car ce moment va voir revenir au galop toutes les images dont on avait fait l'épargne dans les premiers temps de notre mutuelle découverte. À l'heure où un couple s'installe sous le même toit, où s'ébauchent de nouvelles habitudes et de nouveaux rites, les modèles qui sommeillaient en chacun des deux partenaires se réveillent et s'invitent dans la partie.

Il peut être tentant pour certains de mimer les adultes, de jouer à « monsieur et madame », d'établir un partage des tâches établi d'avance parce qu'il correspond à ce qu'ils pensent « normal ». Un jeu à l'origine de bien des monotonies… Ce n'est pas l'institution du couple qui les induit : c'est notre tendance à nous réfugier derrière un schéma déjà constitué, à brandir des clichés qui ne parlent ni de désir intime ni d'écoute de l'autre, mais d'une supposée règle commune à tous. Cela m'épargne de réfléchir à ce que je veux vraiment et à la manière dont je vais tricoter avec l'autre une relation conjugale qui nous convienne à tous les deux.

À l'inverse, il peut aussi arriver qu'on hésite à se laisser aller à des gestes ou à des réactions qu'on s'était toujours juré d'éviter pour ne pas faire comme nos parents, pour se garder de tout conformisme. Cliché, là encore ! Invitée par des amis à venir dîner chez eux le lendemain, on s'en veut de leur répondre : je vais en parler à mon copain et je vous rappelle. Précisément la phrase qu'on ne supportait pas d'entendre dans la bouche des autres, en y voyant un inacceptable assujettissement au conjoint... Sauf que dans le moment où on le dit, il ne s'agit pas de quémander une quelconque autorisation, mais de prendre en compte ce qui a changé dans notre vie : est-ce que je préférerais y aller seule ou avec l'autre ? Est-ce qu'il pourrait avoir le désir de m'y accompagner ?

Ce qui est important, ce n'est pas tant de rejeter tous les clichés que de réfléchir à ce qu'on a envie d'en faire.

On ne connaît jamais l'autre par cœur...

Dans cette aventure qui s'invente pas à pas, le regard qu'on porte sur l'autre va lui aussi progressivement évoluer. L'inconnu(e) dont on est tombé(e) amoureux(se) se dévoile au fil des jours, son image s'étoffe et se ramifie, tel un arbre qui développe sans cesse de nouvelles branches. Au passage, sans doute va-t-il nous désarçonner, nous laisser entrevoir des pans de lui qu'on ne soupçonnait pas. Parfois, il nous étonnera par sa tendresse, sa sérénité ou sa fantaisie. Parfois aussi, il nous fera défaut là où on comptait sur lui. Les surprises de l'amour, bonnes ou mauvaises, ne sont pas propres à la rencontre, elles continuent d'œuvrer tout au long de la vie. Ce sont elles qui nous permettent d'appréhender la complexité psychique de l'être aimé, avec ses côtés solaires et généreux, mais aussi ses éventuelles incohérences, ses failles et ses puits d'ombre. Et cette complexité, on n'aura jamais fini de l'explorer et de la découvrir... pourvu toutefois qu'on ne se soit pas persuadé du contraire.

Il arrive en effet qu'on s'imagine un jour avoir fait le tour de la question. « Je le connais par cœur », se rengorge-t-on dans un mélange de fierté et de vague ennui. Comme si, désormais, on était en capacité de prévoir la moindre de ses réactions et d'anticiper tous ses désirs. Certes, avec le temps, notre partenaire va à certains égards nous apparaître plus lisible. À force de partager le quotidien avec lui, on aura appris à identifier ses appétences et ses dédains, ses forces et ses faiblesses. Mais cette familiarité n'est pas à confondre avec une connaissance pleine et entière de l'autre. Non seulement cette conviction est fausse, mais de surcroît, elle met l'amour en danger : en enfermant l'autre dans une personnalité parfaitement cernée, en postulant qu'on n'a plus rien à apprendre de lui, on s'interdit la curiosité. Or cet élan, si précieux au moment de la rencontre, ne doit pas nous déserter dès lors que l'histoire s'inscrit dans la durée, bien au contraire ! C'est lui qui nous assure de rester en mouvement et d'accompagner les mouvements de l'être aimé, sans préjuger de l'endroit où ils nous emmèneront.

Mieux vaudrait être conscients que nous ne connaissons jamais l'autre. Ni nos parents, ni nos enfants, ni nos amants ne nous sont parfaitement transparents et compréhensibles, même au terme d'une longue vie commune. Nous attrapons au vol certaines de leurs facettes, sans jamais disposer d'une vue d'ensemble. Et nous ne pouvons nous appuyer sur ce qu'ils étaient hier pour interpréter ce qu'ils pensent aujourd'hui. Cette perspective est tellement vertigineuse que nous préférons quelquefois la recouvrir du manteau de notre supposé savoir. Mon enfant serait un inconnu, cet être que j'ai porté, nourri, élevé ? Ma femme me resterait à jamais un mystère, elle qui s'endort et se réveille chaque jour à mes côtés ? Oui. Et c'est une chance, car c'est ce qui fait de nos relations une aventure jamais écrite d'avance.

... et l'autre ne nous connaît pas non plus

En même temps qu'on fige son partenaire dans des contours bien définis, on peut aussi être amené sans le vouloir à se surveiller soi-même pour ne pas sortir du personnage qu'on s'est construit dans le couple. Par peur de perdre l'autre et de compromettre le fragile équilibre qui nous lie à lui, nous décidons alors inconsciemment de ne plus bouger. Comme si le moindre changement de notre part équivalait à une trahison : c'est ainsi qu'il ou elle m'a aimé(e), c'est donc ainsi qu'il faut que je reste. En raisonnant de la sorte, on se réfugie à nouveau derrière une image de soi très définie et parfaitement immobile. Pourtant, la vie nous pousse à changer, nos enthousiasmes et nos envies ne sont pas toujours les mêmes. En mûrissant, des désirs neufs vont voir le jour, des priorités différentes vont s'imposer à nous. Mais au lieu de les regarder comme la preuve réjouissante que nous sommes vivants, nous les percevons comme un danger susceptible de faire exploser la relation.

C'est ainsi que la sexualité nous trouve parfois paradoxalement plus pudiques, moins disposés à tenter des gestes nouveaux qu'au début de la rencontre. J'aimerais offrir à ma femme des dessous affriolants, mais je crains sa réaction et l'image qu'elle pourrait se faire de moi, en me ravalant au rang d'un obsédé sexuel. Je rêverais d'inviter mon homme à tenter d'autres figures amoureuses, mais j'ai peur de le choquer en bousculant le film de nos câlins habituels ; que va-t-il penser de moi ?

Nous nous persuadons que cet aspect inédit de nous va déplaire à l'autre, l'effrayer peut-être, alors que nous n'en savons strictement rien. Peut-être accueillera-t-il notre proposition avec enthousiasme. Peut-être aussi la transformera-t-il en une expérience qui répond mieux à sa propre envie, nous ouvrant ainsi des horizons insoupçonnés.

Se rencontrer mutuellement, c'est avoir la témérité de forcer le passage et de déranger une image de soi, c'est oser s'abandonner sans réserve à son désir.

Du bon usage de la routine

Pour durer, il faut donc se défaire de cette idée largement répandue selon laquelle un couple se construirait dans la stabilité et la permanence. Plutôt que de jouer la carte du ménagement par peur de tout détruire, on gagne à écouter ce que nous chuchotent nos impatiences, nos idées folles et nos appétits. Car à se figer dans l'image idéalisée de nos débuts, nous nous forçons à ravaler des désirs inassouvis et nous exacerbons ainsi des frustrations. Peut-être les apparences seront-elles sauves pendant un moment, mais elles ne le resteront pas éternellement. Sonnera l'heure où nous ne pourrons étouffer la révolte de nos désirs enfouis… et les dégâts, alors, risquent d'être dévastateurs.

Cette invitation à écouter ses mouvements intérieurs, à oser se montrer différent(e) de ce qu'on avait l'habitude d'être, à regarder l'autre avec un œil toujours curieux, ne signifie pas qu'il faille se défier comme de la peste de toute forme de routine. Dès qu'il est question du couple, celle-ci est souvent présentée comme un poison insidieux qui risquerait à terme de tuer nos sentiments. Les courses au supermarché, les tâches ménagères, le sempiternel métro-boulot-dodo seraient les ennemis jurés de l'amour en l'ancrant dans une monotonie et des soucis fort peu romantiques. Pourtant, quoi qu'en disent les manuels de bonne santé conjugale, nous avons besoin de cette routine, nous sommes tous rythmés par des habitudes. Même nos irrégularités finissent par être régulières ! Mais celles-ci ne sont pas nécessairement pesantes.

Tout comme les jeunes enfants réclament de voir invariablement revenir l'histoire du soir qui les accompagnera jusqu'au seuil du sommeil et, qui dans sa répétition, apprivoisera la séparation nocturne, nous sommes rassurés de constater que certaines choses se reproduisent. Savoir qu'on va se blottir dans les bras de celle ou de celui qu'on aime, qu'on va partager le dîner, voire une soirée devant la télé, ne représente pas en soi un irrémédiable tue-l'amour… à condition de ne pas le voir comme une obligation à laquelle on ne peut échapper. Le poison de la routine réside moins dans nos façons de vivre que dans l'idée qu'on se fait de la vie à deux. Ce sentiment d'ennui qui nous gagne et nous rend l'autre moins désirable, ce n'est pas la répétition du quotidien qui l'induit : c'est l'entêtement avec lequel nous nous efforçons de ne pas déborder des digues que nous nous sommes imposées. Si je vis dans la conviction que le couple est le lieu d'où l'aventure ne sera plus permise, je cours le risque réel de chercher un jour à m'en échapper.

Halte aux gestes obligés !

Sortir de la routine, cela revient donc avant tout à déloger de notre tête cette idée tenace que l'aventure a déserté notre vie… sûrement pas à entretenir la flamme amoureuse à coups de gestes obligés, censés témoigner de notre intérêt pour l'autre. À en croire les conseils de certains magazines, il suffirait de saupoudrer le quotidien d'une pincée de piment pour rendre à notre histoire la fraîcheur de ses débuts : un dîner coquin, un cadeau surprise, une déclaration d'amour impromptue… Autant de petits trucs qui permettraient de casser le mur des habitudes et d'insuffler une créativité bienvenue dans des relations devenues trop ronronnantes.

Sauf que toutes ces recettes, qui relèvent de l'intention consciente plus que d'un désir spontané, ne parlent pas de ce que nous sommes. Elles alimentent la fiction d'un amour qui se gagnerait à coups d'efforts et de procédés éprouvés, quand c'est l'inconscient qui mène la danse et nous assure d'être « vrais ». De la même manière qu'il n'existe aucune méthode pour séduire un inconnu, il n'y a pas non plus de recette pour qu'un amour se maintienne aussi vif et alerte qu'au premier jour. Bien sûr, rien ne doit m'empêcher d'improviser une petite virée en amoureux si telle est mon envie. Mais si je compte sur ce scénario déjà écrit pour vaincre l'ennui que je ressens avec l'autre, le week-end risque bel et bien d'être un fiasco. Je peux bien m'appliquer à dire « je t'aime » régulièrement à ma compagne, parce que j'ai lu que les femmes goûtaient de se l'entendre dire, je ne m'assure nullement pour autant de la satisfaire.

Plutôt que de « gérer » la relation en nous efforçant de la maîtriser, il est bien plus payant de remettre en cause ce qu'on croit savoir de soi et de l'autre et de laisser cette ignorance guider nos pas.

Quand l'envie d'aimer ailleurs se fait sentir...

Se prémunir contre la lassitude passe donc bien davantage par le regard porté sur la relation que par des techniques du « bien-aimer ». Si on la considère comme un lien souple, vivant, choisi, si on la perçoit comme un engagement qui n'entame pas notre liberté, on s'épargnera les craintes d'enfermement qui guettent parfois au coin du bois. On évitera aussi de penser nos fantasmes d'infidélité comme une catastrophe signant forcément la défaite de l'amour.

Aimer n'empêche pas de nourrir des désirs vagabonds, des pensées délicieusement illicites, des tentations fugaces… et ces désirs, on gagne à les reconnaître plutôt qu'à les étouffer. Les nutritionnistes le savent bien : si, par peur de grossir, on s'interdit tout plaisir de gourmandise, vient un moment où on ne peut plus se retenir et où on cède d'un coup à la tentation d'un gros gâteau bien calorique. Risquer un doigt dans la crème permet parfois de savourer le plaisir de l'interdit sans grande conséquence pour sa ligne…

Il ne s'agit pas de dire qu'il faut en passer forcément par l'adultère pour faire durer un couple. Mais s'accorder de soi à soi la possibilité virtuelle d'aimer ailleurs amène à se sentir plus léger et plus libre. Rien ne sert de chercher à se protéger de ses désirs, en se les interdisant ou en niant leur existence. Ceux qui y cèdent de la manière la plus violente sont souvent des militants purs et durs de la fidélité conjugale, ceux-là mêmes qui avaient fait profession de foi de ne jamais dévier du droit chemin. Leur transgression est alors tellement énorme à leurs propres yeux qu'elle fait exploser tout ce qui avait tenu leur vie jusqu'alors. En revanche, celui qui admet l'éventualité d'amours buissonnières s'accorde un interstice bienvenu pour exercer sa liberté. Le plus souvent, il ne se trouve pas dans le besoin de les mettre en actes. Il va jouer avec son désir et, la plupart du temps, se rendre compte que cela lui suffit. La porte est entrebâillée sur un ailleurs et un autrement possibles, mais ne réclame pas d'être poussée. Et même quand elle l'est, ce passage à l'acte n'entraîne pas nécessairement de crise existentielle. Il existe parfois des infidélités à vivre jusqu'au bout pour comprendre qu'elles ne sont pas la porte ouverte à tous les débordements.

Incitation immorale à la débauche ? Non. Simplement une invitation à ne pas contenir avec trop de force le désir qui circule en nous. Le reconnaître désamorce bien des bombes à retardement...

Faire de la vie à deux une source d'aventures

Plutôt que de craindre les excès auxquels nous condamneraient nos désirs, on gagne donc à les laisser nous titiller le cerveau sans pour autant nous en sentir coupables... et à autoriser l'autre à faire de même : un couple a besoin parfois de cet espace pour se reconquérir. Loin de constituer une trahison qui nous couperait l'un de l'autre, ces rêves d'ailleurs racontent simplement notre gourmandise pour la vie. Ils racontent aussi la confiance que nous avons dans la relation : l'amour que nous ressentons pour notre partenaire n'a pas besoin d'être enfermé entre quatre murs ni entre quatre yeux pour se sentir à l'abri. Laisser son regard courir sur une silhouette qui passe, goûter le plaisir d'être convoité(e) par un(e) inconnu(e) ne fait pas de nous des êtres hypocrites ou des amoureux volages. Ces pensées vagabondes ne deviennent une menace que si on les repousse avec vigueur, comme un interdit définitif, comme un plaisir auquel nous n'aurions plus droit.

Cette reconnaissance de nos désirs ne signifie pas pour autant que nous éviterons toute frustration. Les frustrations font partie de la vie. Elles existent, qu'il y ait couple ou pas. Tout l'enjeu est de ne pas les associer systématiquement à ce dernier, comme si c'était lui qui était responsable de tout ce qui nous insatisfait. Cela nous évitera de regarder la relation qui dure comme le lieu des déceptions obligées et des renoncements douloureux.

Encore faut-il pour cela nous défaire de la paresse qui nous pousse à croire qu'un amour est voué au bout de quelques années à ne plus nous réserver de surprises. La surprise est aussi en l'autre... pourvu qu'on accepte de se laisser surprendre et de renoncer à ce qu'on sait de lui. C'est cette infidélité-là qui est à mettre en acte en priorité : l'infidélité à une image. L'autre est plein d'autres que je ne connais pas encore, je suis riche de moi différents que je n'ai pas tous explorés.

À nous de faire de notre monogamie choisie une polygamie joyeuse qui embrasse tous ces possibles : de quoi alimenter notre amour pendant de longues, très longues années...

Conclusion

Difficile de clore un ouvrage qui invite justement à ne jamais se croire arrivé quelque part. La conclusion la plus juste, à défaut d'être la plus explicite, eût sans doute été de terminer sur une page blanche, à l'image de cet insondable vide que requiert l'amour. Ne pas savoir qui l'on est, où l'on va, ni pourquoi on y va : voilà sans doute les prémisses les plus favorables à cette aventure. Angoissante perspective, en vérité, tellement déroutante… mais aussi tellement libératrice ! On entend parfois celles et ceux qui souffrent de leur solitude déplorer leur prétendue incompétence : je voudrais y arriver, mais je ne suis pas doué(e) pour l'amour. Comme s'il y avait des « bonnes » réponses à donner pour prétendre au bonheur.

Savoir qu'on se sait rien et que, d'ailleurs, il n'y a rien à savoir permet de se départir de cette position implicite de bon élève ou de cancre de l'amour. Il n'existe pas de maître invisible qui nous jugerait et nous déclarerait aptes à cette expérience. Il n'y a pas d'objectif à atteindre, ni de bonne note à quémander. Aucun travail, aucune technique, aucun progrès ne peut être invoqué dans cette affaire. De quoi nous convaincre d'arrêter de chercher à tout prix à faire comme les autres. À aimer parce qu'il faudrait aimer, à aimer comme il faudrait aimer… La page blanche nous fait créateurs de notre propre vie. Non par la force de la volonté, mais grâce à cette petite voix en nous qui fredonne sa chanson singulière et originale. À l'écouter, certains découvriront peut-être qu'en dépit de ce qu'ils croyaient, ils n'ont pas envie de vivre avec quelqu'un et que leur énergie libidinale les conduit vers des plaisirs d'une autre nature ; d'autres que le quotidien à deux ne leur convient pas et qu'ils lui préfèrent une organisation différente ; d'autres encore que l'être aimé ne ressemble en rien à ce qu'ils avaient espéré. Plus qu'une destination en soi, l'amour est un perpétuel voyage, il est cette aventure vagabonde qui implique une mise à l'épreuve de soi-même face aux hasards de l'horizon et aux incertitudes des rencontres.

Tel est sans doute le sens que gagne à avoir la quête amoureuse. Non la recherche d'un aboutissement heureux qui annoncerait la fin de l'histoire, mais un cheminement vers ce moment magnifique où l'on ose son désir, en dépit des autres et parfois en dépit de soi.

Table

III. Le jeu de l'amour et du hasard

DES MÊMES AUTEURS

De Sophie Cadalen

Les femmes de pouvoir, des hommes comme les autres ?, Le Seuil, 2008.

Ni Mars ni Vénus, Leduc's, 2006.

Inventer son couple, Eyrolles, 2006.

Rêves de femmes, Leduc's, 2005.

De Sophie Guillou

L'argent dans le couple (avec Bernard Prieur), Albin Michel, 2007.

Ma fille se trouve trop ronde (avec Dominique-Adèle Cassuto), Albin Michel, 2005.

Surmonter le chômage en famille (avec Ginette Lespine), Albin Michel, 2004.

Composition Nord Compo
Impression CPI Firmin Didot en avril 2014
Éditions Albin Michel
22, rue Huyghens, 75014 Paris
www.albin-michel.fr

ISBN 978-2-226-19001-7
N° d'édition: 18168/03. – N° d'impression: 122577
Dépôt légal: avril 2009.
Imprimé en France.